Curso
MAD360

*La diferencia entre aprobar
y sacar plaza*

Auxiliar de
Administración General

DIPUTACIÓN PROVINCIAL DE ALICANTE

Si aún no dispones de tu **Curso MAD360**, te ofrecemos un acceso GRATIS de 30 días para que disfrutes de los siguientes recursos:

- Técnicas de Memoria 360.
- MADTEST: Test *online* Nivel PRO.
- Temario en formato digital.
- Vídeos.
- Esquemas.
- Planificación de estudio.
- Foro entre opositores hasta la fecha del examen.*
- Recursos y novedades exclusivas.
- Consúltanos sobre tu oposición y proceso selectivo.
- Actualizaciones legislativas (Boletines Oficiales) hasta 60 días antes de la fecha del examen.*

AF212131

Para acceder a esta prueba del Curso MAD360** será necesaria la compra de todos los libros para esta especialidad de la edición 2025.

Regístrate en **mad.es/iniciar-sesion** y en la pestaña MIS CURSOS valida los códigos que encuentras en la última página de tus libros.

NOTA IMPORTANTE:

* Examen de esta categoría profesional correspondiente a la convocatoria publicada en el BOP de Alicante n.º 118, de 25 de junio de 2025, o hasta el 31 de agosto de 2026, lo que se cumpla antes, y previa renovación del servicio.

** El acceso al CURSO MAD360 estará disponible desde agosto de 2025 (algunos recursos podrían estar disponibles en fecha posterior). Tendrá una duración de 30 días RENOVABLES mediante pago, desde la validación de códigos, o hasta el 28 de febrero de 2027, lo que se cumpla antes.

MAD se reserva el derecho a ampliar dichas fechas.

Auxiliar de Administración General de la Diputación Provincial de Alicante

Julio 2025

0204-01X-0-0-0725

Auxiliar de Administración General de la Diputación Provincial de Alicante

Test del temario

TERESA M.ª TORRES FONSECA
Licenciada en Derecho

ANA M.ª CERVERA SÁNCHEZ
Doctora en Historia Contemporánea

CARLOS TOJEIRO ALCALÁ
Ingeniero Informático
Titulado MCP de Microsoft

© 7 Editores Recursos para la Cualificación Profesional y el Empleo, S.L. (7 Editores)
© Los autores
Primera edición, julio 2025 (306 páginas)
Derechos de edición reservados a favor de 7 Editores
IMPRESO EN ESPAÑA
Diseño Portada: 7 Editores
Edita: 7 Editores
Avda. San Francisco Javier, 9 · Edificio Sevilla 2 · Planta 11 · Módulos 25-27 · 41018 Sevilla
Teléfono: 954 784 411 · WEB: www.mad.es · e-mail: administracion@7editores.com
ISBN: 978-84-142-9874-9
© "Editorial Mad" y "Eduforma" son nombres comerciales registrados de
7 Editores Recursos para la Cualificación Profesional y el Empleo, S.L.

Índice

TEST

SUPUESTOS PRÁCTICOS

TEST

TEST N.º 1

La Constitución Española de 1978. Estructura y Principios Fundamentales, Derechos y Deberes: Garantía y Suspensión. Principios rectores de la política social y económica. La Corona. La reforma constitucional

1. ¿En qué se fundamenta la Constitución Española?

a) En un Estado social y democrático de Derecho.
b) En la indisoluble unidad de la Nación española.
c) En la independencia de los poderes del Estado.
d) En la organización territorial del Estado.

2. Según el artículo 3 de la CE, el castellano es la lengua oficial del Estado y todos los Españoles:

a) Tienen el deber de usar y el derecho de conocer el castellano.
b) Tienen el derecho y el deber de conocer el castellano.
c) Tienen el deber de conocer y el derecho de usar el castellano.
d) Tienen el derecho de conocer y usar el castellano.

3. La Constitución Española reconoce y garantiza el derecho a la autonomía:

a) De las nacionalidades que la integran.
b) De las regiones que la integran.
c) De las Comunidades Autónomas que la integran.
d) De las nacionalidades y regiones que la integran.

4. El Preámbulo de la Constitución:

a) Tiene en sí carácter de norma jurídica.
b) Es una declaración de intenciones, destinada a interpretar lo que se quiere alcanzar con el contenido normativo de la Constitución.
c) Se trata de un texto sin fuerza jurídica de obligar.
d) Las respuestas b) y c) son correctas.

5. Señala la afirmación correcta, respecto de la aprobación, ratificación y publicación de la Constitución Española:

a) Aprobada por las Cortes el 31 de octubre de 1978, ratificada por el pueblo en referéndum el 6 de diciembre de 1978 y publicada el 29 de diciembre de 1978.

b) Aprobada por las Cortes el 30 de octubre de 1978, ratificada por el pueblo en referéndum el 16 de diciembre de 1978 y publicada el 27 de diciembre de 1978.

c) Aprobada por las Cortes el 31 de octubre de 1978, ratificada por el pueblo en referéndum el 16 de diciembre de 1978 y publicada el 29 de diciembre de 1978.

d) Aprobada por las Cortes el 10 de octubre de 1978, ratificada por el pueblo en referéndum el 26 de diciembre de 1978 y publicada el 30 de diciembre de 1978.

6. ¿En qué parte de la Carta Magna se establece la exposición de motivos que impulsan la norma constitucional y los objetivos que con ella se pretenden alcanzar?

a) En el Título preliminar.
b) En el Preámbulo.
c) En el Título I.
d) En el Título II.

7. La Constitución Española fue sancionada por:

a) El Rey.
b) El Presidente del Congreso.
c) Las Cortes Generales.
d) El Presidente del Gobierno.

8. ¿Cuáles de los siguientes españoles de origen pueden ser privados de su nacionalidad?

a) Exclusivamente los miembros de grupos terroristas.
b) Los miembros de grupos terroristas y los que atenten contra el Rey u otro miembro de la Casa Real.
c) Los que atenten contra un miembro de la Familia Real o del Gobierno de la Nación.
d) Ningún español de origen podrá ser privado de su nacionalidad.

9. Según la CE son fundamentos del orden político y la paz social:

a) La dignidad de la persona, los derechos violables que les son inherentes y el respeto a la ley.

b) La dignidad de la persona, el desarrollo limitado de la personalidad y el respeto a la ley.

c) El respeto a la ley, a los reglamentos administrativos y demás disposiciones legales.

d) La dignidad de la persona, los derechos inviolables que le son inherentes, el libre desarrollo de su personalidad, el respeto a la ley y a los derechos de los demás.

10. ¿Cuál de los siguientes es considerado por la CE como uno de los valores superiores del ordenamiento jurídico?

a) La jerarquía normativa.
b) El pluralismo político.
c) La publicidad normativa.
d) La equidad.

11. La forma política del Estado español es:

a) Democracia parlamentaria.
b) Gobierno parlamentario.
c) Monarquía parlamentaria.
d) República democrática.

12. La parte de la CE que regula la estructura de los principales órganos del Estado recibe el nombre de:

a) Parte dogmática.
b) Parte orgánica.
c) Parte estatal.
d) Parte estructural.

13. Según la CE, la soberanía nacional:

a) Corresponde a las Cortes Generales, al estar compuestas por los representantes del pueblo.
b) Corresponde al Rey.
c) Reside en el pueblo español.
d) Corresponde al Gobierno de la Nación elegido directamente por el pueblo.

14. El derecho a la propiedad en nuestra Constitución es un Derecho:

a) Inherente a la condición humana.
b) Absoluto.
c) Limitado por la función social de la misma.
d) Ninguna de las respuestas anteriores es correcta.

15. ¿En qué parte de la Carta Magna se señalan los valores superiores del ordenamiento jurídico?

a) En el Preámbulo.
b) En el Título Preliminar.
c) En el Título I.
d) Ninguna respuesta es correcta.

16. ¿Cuál de las siguientes es una de las características de nuestra Constitución de 1978?

a) Consensuada.
b) Corta.
c) Conservadora.
d) Originalidad.

17. Las primeras elecciones democráticas celebradas en España tras la muerte de Franco tuvieron lugar en:

a) 1975.
b) 1976.
c) 1977.
d) 1978.

18. El referéndum en el que se aprobó popularmente la Constitución se llevó a efecto el:

a) 27 de diciembre de 1978.
b) 6 de diciembre de 1978.
c) 31 de octubre de 1978.
d) 29 de diciembre de 1979.

19. La ponencia encargada de redactar el borrador de la Constitución se constituyó en el:

a) Senado.
b) Senado y Congreso de los Diputados.
c) Congreso de los Diputados.
d) Gobierno de la Nación.

20. Si un poder público, en su actuación, infringe lo dispuesto en el Preámbulo de la Constitución:

a) Incurre en nulidad.
b) Incurre en inconstitucionalidad.
c) No pasa nada salvo que, como consecuencia de esa actuación, se infrinja un artículo de la propia Constitución.
d) Nada de lo anterior es cierto.

21. Según la Constitución, una norma que imponga una nueva pena más leve para un delito:

a) No se aplica retroactivamente.
b) Puede aplicarse retroactivamente.

c) Ha de ser reglamentaria.
d) Atenta contra el principio de legalidad penal si se aplica retroactivamente.

22. La capital del Estado en España es:

a) La propia de cada Comunidad Autónoma.
b) La villa de Madrid.
c) Aquella donde se establezca en cada momento el Gobierno de la Nación.
d) Aquella en la que resida generalmente el Rey.

23. El Título de la Constitución que trata de la reforma constitucional es el:

a) Primero.
b) Décimo.
c) Noveno.
d) Undécimo.

24. El Título de la Constitución que trata del Gobierno y la Administración es el:

a) Tercero.
b) Cuarto.
c) Quinto.
d) Sexto.

25. Los principios rectores de la política social y económica se regulan en el siguiente Capítulo y Título de la Constitución:

a) Segundo del Primero.
b) Tercero del Primero.
c) Tercero del Preliminar.
d) Primero del Séptimo.

26. La derogación de una norma posconstitucional que vaya en contra de la Constitución se efectúa por el/la/las:

a) Propia Constitución.
b) Tribunal Constitucional.
c) Cortes Generales.
d) Gobierno de la Nación.

27. El pluralismo político, para nuestra Constitución, es un/una:

a) Principio General del ordenamiento político.
b) Valor superior del ordenamiento jurídico.
c) Principio rector de la política social y económica.
d) Derecho fundamental.

28. La justicia, según nuestra Constitución, es un/una:

a) Principio de nuestro ordenamiento jurídico.
b) Valor superior del anterior.
c) Manifestación del Estado democrático.
d) Todo lo anterior.

29. Un español de origen puede perder esta nacionalidad:

a) Por sanción administrativa.
b) Cuando libremente renuncie a la misma.
c) Por condena penal.
d) En ningún caso.

30. Las Comunidades Autónomas deben usar o instalar la bandera española:

a) En sus edificios.
b) En los actos oficiales.
c) Cuando lo solicite el Delegado del Gobierno de la Nación en las mismas.
d) Cuando lo estimen oportuno.

31. Deben tener una estructura interna y un funcionamiento democrático los/las:

a) Partidos Políticos.
b) Colegios Profesionales.
c) Organizaciones Profesionales.
d) Todos ellos.

32. La defensa de la integridad territorial de España se atribuye por la Constitución a/al/a las:

a) Fuerzas y Cuerpos de Seguridad.
b) Fuerzas Armadas.
c) Gobierno de la Nación.
d) Todas las anteriores.

33. El Título de la Constitución que trata de las relaciones entre el Gobierno y las Cortes Generales es el:

a) Cuarto.
b) Quinto.
c) Sexto.
d) Tercero.

34. La Constitución entró en vigor:

a) Al día siguiente de su publicación en el Boletín Oficial del Estado.
b) El 27 de diciembre de 1978.
c) El 29 de diciembre de 1978.
d) Al ser aprobada en la sesión conjunta por el Congreso de los Diputados y el Senado.

35. Puede instar la reforma de la Constitución el/los/las:

a) Asambleas Legislativas de las Comunidades Autónomas.
b) Presidente del Gobierno de la Nación.
c) Consejos de Gobierno de las Comunidades Autónomas.
d) Ninguno de los anteriores.

36. No puede instar la reforma de la Constitución el/los:

a) Presidente del Gobierno de la Nación.
b) Gobierno de la Nación.
c) Congreso de los Diputados.
d) Parlamentos autonómicos.

37. En el procedimiento ordinario de reforma constitucional, el referéndum es:

a) Obligatorio en todo caso.
b) Preceptivo cuando se solicite por una décima parte de los Diputados o Senadores, dentro de los quince días siguientes a la aprobación de la reforma.
c) Voluntario en cualquier caso.
d) Improcedente.

38. La disolución de las Cortes Generales, cuando se va a proceder a la reforma de la Constitución, se produce en caso de:

a) Reforma por el procedimiento excepcional.
b) Reforma por el procedimiento ordinario.
c) Cualquier tipo de reforma.
d) Que así lo estime oportuno el Rey.

39. No puede iniciarse la reforma constitucional en:

a) Tiempo de guerra.
b) El supuesto de que el Rey no lo estime oportuno.
c) Un período extraordinario de sesiones de las Cámaras.
d) Se puede efectuar en los tres supuestos anteriores.

40. En el procedimiento general de reforma constitucional, en principio, el proyecto de reforma debe ser aprobado por:

a) El Congreso de los Diputados por mayoría de dos tercios.
b) El Congreso de los Diputados y el Senado por mayoría de tres quintos.
c) Ambas Cámaras, por mayoría absoluta.
d) Una Comisión Paritaria.

41. El procedimiento excepcional de reforma está previsto en caso de intentarse esta respecto del siguiente Título de la Constitución:

a) Cualquiera.
b) Segundo.
c) Tercero.
d) Ninguno de los anteriores.

42. Según la Constitución, el Estado es:

a) Apolítico.
b) Aconfesional.
c) De bienestar social.
d) Federal.

43. El derecho a la vida se consagra en el siguiente artículo de la Constitución:

a) 10.
b) 16.
c) 15.
d) 24.

44. La pena de muerte en España:

a) Ha quedado abolida.
b) Puede aplicarse en cualquier momento.
c) Solo se aplicará, en tiempo de guerra, a los militares.
d) Rige solo en el ámbito civil.

45. La entrada en un domicilio en caso de flagrante delito, sin autorización de su titular:

a) Puede dar lugar a la aplicación del habeas corpus.
b) Requiere autorización previa de la autoridad judicial.
c) Puede efectuarse en todo momento.
d) No puede realizarse en momento alguno.

46. Cuando, al conocerse la comisión de un delito por una persona, se acude a su domicilio para detenerla:

a) Está obligada a franquear la entrada.
b) Se necesitará autorización judicial para entrar, si no da su consentimiento para ello.
c) Pese a que no dé su consentimiento, se puede entrar.
d) Nada de lo anterior es correcto.

47. La autorización previa para celebrar una manifestación pública:

a) La da el Subdelegado del Gobierno en la Provincia.
b) Es ineludible.
c) Sería inconstitucional.
d) Se da cuando no se prevean alteraciones al orden público, con peligro para personas o bienes.

48. El tipo de sufragio que consagra la Constitución es el:

a) Proporcional.
b) Universal.
c) Censitario.
d) Las respuestas a) y b) son correctas.

49. Además de la no autoinculpación, la Constitución prevé que no se está obligado a declarar sobre un hecho presuntamente delictivo en caso de:

a) Parentesco y afinidad.
b) Cláusula de conciencia.
c) Secreto profesional.
d) Las respuestas a) y b) son correctas.

50. ¿Qué artículos de nuestra Constitución Española se dedican a la reforma constitucional?

a) Los artículos 166 a 169.
b) Los artículos 160 a 166.
c) Los artículos 58 a 107.
d) Los artículos 13 a 21.

51. Los Tribunales de Honor están prohibidos respecto de los/la/las:

a) Sindicatos y Organizaciones Profesionales.
b) Administración Civil y Militar.
c) Organizaciones Profesionales y la Administración Civil.
d) Todas las respuestas anteriores son correctas.

52. La fundación de una Internacional Sindical por un sindicato español:

a) Es libre.
b) Está prohibida.
c) Debe plasmarse en un Tratado Internacional.
d) Nada de lo anterior es cierto.

53. El ejercicio del derecho de petición a través de una manifestación ciudadana:

a) No se admite.
b) Se admite en algún caso.
c) Se admite, salvo para los militares.
d) Ni se admite ni se prohíbe.

54. Nuestro sistema tributario ha de ser:

a) Regresivo e igualitario.
b) Progresivo y generalizado.
c) Confiscatorio.
d) Justo y regresivo.

55. Las Fundaciones son:

a) Entidades constituidas para fines de interés general.
b) Administración Corporativa.
c) Entidades privadas con fines de carácter también privado.
d) Asociaciones de personas para conseguir fines de interés general.

56. La asistencia de todo orden a los hijos habidos extraconyugalmente:

a) No está prevista en la Constitución.
b) Es un deber de los padres.
c) Se dispensará por Instituciones de Beneficencia.
d) Se dispensa solo a los que de ellos tengan discapacidad.

57. La especulación urbanística, según la Constitución:

a) Debe evitarse.
b) Está permitida.
c) Genera plusvalías para la colectividad.
d) Pueden hacerla los poderes públicos.

58. No es susceptible de recurso de amparo el derecho a la/de:

a) Sindicación.
b) Investigación científica.

c) Secreto de las comunicaciones.
d) Lo son todos ellos.

59. No es susceptible de recurso de amparo el derecho de:

a) Libertad de cátedra.
b) Negociación colectiva.
c) Manifestación.
d) Huelga.

60. Es susceptible de recurso de amparo el derecho de/a la:

a) Libre sindicación.
b) Petición.
c) Cláusula de conciencia.
d) Lo están todos ellos.

61. Una vez declarado el estado de excepción no se puede suspender el derecho/ libertad de:

a) Huelga.
b) Enseñanza.
c) Adopción de medidas de conflicto colectivo.
d) Libertad de circulación.

62. Durante el estado de excepción, un detenido conserva el derecho de/a:

a) Setenta y dos horas para ser puesto a disposición judicial.
b) Secreto de comunicaciones.
c) Asistencia de Letrado.
d) Ninguno de ellos.

63. Se puede suspender, con motivo de investigaciones relativas a bandas armadas, el derecho de:

a) Huelga.
b) Inviolabilidad del domicilio.
c) Libertad de circulación.
d) Las respuestas b) y c) son correctas.

64. Según la Constitución Española, arbitra y modera el funcionamiento regular de las instituciones:

a) El Presidente del Gobierno.
b) El Rey.

c) El Estado.
d) Los tribunales de Justicia.

65. Las abdicaciones y renuncias se resolverán:

a) Por ley.
b) Por decreto ley.
c) Por decisión de las Cortes Generales.
d) Por ley orgánica.

66. Si no hubiese a quien corresponda la Regencia, esta será nombrada por:

a) Las Cortes Generales.
b) El Congreso de los Diputados.
c) El Senado.
d) El Gobierno.

67. No necesita de refrendo:

a) Declarar la guerra y hacer la paz.
b) Expedir los decretos acordados en Consejo de Ministros.
c) Nombrar y relevar a los miembros civiles y militares de la Casa Real.
d) Todos los actos del Rey necesitan refrendo.

68. ¿A quién corresponde manifestar el consentimiento del Estado para obligarse por medio de tratados?

a) Al Rey.
b) Al Gobierno.
c) Al Estado.
d) Al Presidente del Gobierno.

69. Según el art. 59.5 de la Carta Magna, la Regencia se ejercerá:

a) Por mandato constitucional y en nombre del pueblo español.
b) Por mandato constitucional y en nombre de las Cortes Generales.
c) Por mandato constitucional y en nombre de la soberanía popular.
d) Por mandato constitucional y en nombre del Rey.

70. La asunción de funciones constitucionales por la Reina consorte:

a) Está prevista como regla general.
b) Depende de la voluntad del Rey.
c) Está prohibida.
d) Está limitada.

71. La tutoría del Rey puede recaer en:

a) Cualquier persona nombrada por las Cortes Generales, en su caso.
b) Sus hijos.
c) Una, tres o cinco personas.
d) Nada de lo anterior es cierto.

72. Una hija del Príncipe de Asturias ostentará este tratamiento:

a) Cuando su padre acceda a la condición de Rey, si es la primogénita, aunque tenga hermanos varones.
b) Al morir su padre.
c) Al acceder a Rey su padre, si no tiene hermano varón.
d) Cuando delegue en ella el propio Príncipe.

73. La Regencia se ejerce:

a) Por mandato del Rey.
b) En nombre de este.
c) Por mandato constitucional.
d) Las respuestas b) y c) son correctas.

74. La dirección de la defensa del Estado es competencia genuina del/de las:

a) Rey.
b) Fuerzas Armadas.
c) Gobierno de la Nación.
d) Todos ellos.

75. El refrendo de los actos del Rey está íntimamente relacionado con:

a) Su irresponsabilidad política.
b) Su inhabilitación.
c) La Regencia.
d) Sus poderes discrecionales.

76. En caso de que el Rey sea menor de edad:

a) No tomará posesión de su cargo hasta su mayoría de edad.
b) Ejercerá la Regencia el Príncipe heredero.
c) Ejercerá la Regencia su cónyuge.
d) Nada de lo anterior es cierto.

77. Si el Príncipe heredero tuviera descendientes y renunciara a sus derechos al trono:

a) Su cónyuge ejercería la Regencia hasta que su primogénito varón fuere mayor de edad.
b) Su cónyuge ejercería la Regencia hasta que dicho primogénito fuera proclamado Rey.

c) Se nombraría Princesa heredera a su hermana mayor, si la hubiere.
d) Nada de lo anterior es cierto.

78. La presidencia por el Rey de las reuniones del Consejo de Ministros:

a) Se permite solo respecto de las decisorias.
b) Ha de efectuarse a petición del Presidente del Gobierno de la Nación.
c) Está prevista constitucionalmente para dirigir la Administración Civil y Militar.
d) Las respuestas a) y b) son ciertas.

79. El juramento lo prestará el Rey ante el/las:

a) Cortes Generales.
b) Gobierno de la Nación.
c) Miembros de la Familia Real.
d) Pueblo español.

80. Si se agotan todas las líneas llamadas a la sucesión en la Corona de España, se:

a) Nombran Regentes.
b) Proveerá a la sucesión en la Corona por las Cortes Generales.
c) Proclama la República.
d) Establece una Dictadura.

81. La inhabilitación del Rey se reconoce por el/los/las:

a) Gobierno de la Nación.
b) Congreso de los Diputados.
c) Cortes Generales.
d) Tres Poderes constitucionales.

82. El Regente nombrado en defecto de padre, madre, pariente mayor de edad o Príncipe heredero mayor de edad se designa por el/las:

a) Propio Rey.
b) Cortes Generales.
c) Congreso de los Diputados.
d) Consejo de Regencia.

83. ¿Quién proveerá a la sucesión en la Corona en la forma que más convenga a los intereses de España cuando estén extinguidas todas las líneas llamadas en Derecho?

a) El Presidente del Gobierno.
b) El Senado.

c) El Congreso de los Diputados.
d) Las Cortes Generales.

84. Si no hubiere ninguna persona a quien corresponda la Regencia, esta será nombrada por las Cortes Generales, y se compondrá de:

a) Una única persona.
b) Una o dos personas.
c) Una, tres o cinco personas.
d) De tres a seis personas.

85. ¿De qué plazo dispone el Rey para sancionar las leyes aprobadas por las Cortes Generales?

a) Lo más rápido posible, con un máximo de 48 horas.
b) Un semana.
c) Quince días.
d) Un mes.

Solución al test n.º 1

1. b) En la indisoluble unidad de la Nación española.

2. c) Tienen el deber de conocer y el derecho de usar el castellano.

3. d) De las nacionalidades y regiones que la integran.

4. d) Las respuestas b) y c) son correctas.

5. a) Aprobada por las Cortes el 31 de octubre de 1978, ratificada por el pueblo en referéndum el 6 de diciembre de 1978 y publicada el 29 de diciembre de 1978.

6. b) En el Preámbulo.

7. a) El Rey.

8. d) Ningún español de origen podrá ser privado de su nacionalidad.

9. d) La dignidad de la persona, los derechos inviolables que le son inherentes, el libre desarrollo de su personalidad, el respeto a la ley y a los derechos de los demás.

10. b) El pluralismo político.

11. c) Monarquía parlamentaria.

12. b) Parte orgánica.

13. c) Reside en el pueblo español.

14. c) Limitado por la función social de la misma.

15. b) En el Título Preliminar.

16. a) Consensuada.

17. c) 1977.

18. b) 6 de diciembre de 1978.

19. c) Congreso de los Diputados.

20. c) No pasa nada, salvo que, como consecuencia de esa actuación, se infrinja un artículo de la propia Constitución.

21. b) Puede aplicarse retroactivamente.

22. b) La villa de Madrid.

23. b) Décimo.

24. b) Cuarto.

25. b) Tercero del Primero.

26. a) Propia Constitución.

27. b) Valor superior del ordenamiento jurídico.

28. b) Valor superior del anterior.

29. b) Cuando libremente renuncie a la misma.

30. b) En los actos oficiales.

31. d) Todos ellos.

32. b) Fuerzas Armadas.

33. b) Quinto.

34. c) El 29 de diciembre de 1978.

35. a) Asambleas Legislativas de las Comunidades Autónomas.

36. a) Presidente del Gobierno de la Nación.

37. b) Preceptivo cuando se solicite por una décima parte de los Diputados o Senadores, dentro de los quince días siguientes a la aprobación de la reforma.

38. a) Reforma por el procedimiento excepcional.

39. a) Tiempo de guerra.

40. b) El Congreso de los Diputados y el Senado por mayoría de tres quintos.

41. b) Segundo.

42. b) Aconfesional.

43. c) 15.

44. a) Ha quedado abolida.

45. c) Puede efectuarse en todo momento.

46. b) Se necesitará autorización judicial para entrar, si no da su consentimiento para ello.

47. c) Sería inconstitucional.

48. b) Universal.

49. c) Secreto profesional.

50. a) Los artículos 166 a 169.

51. c) Organizaciones Profesionales y la Administración Civil.

52. a) Es libre.

53. a) No se admite.

54. b) Progresivo y generalizado.

55. a) Entidades constituidas para fines de interés general.

56. b) Es un deber de los padres.

57. a) Debe evitarse.

58. b) Investigación científica.

59. b) Negociación colectiva.

60. d) Lo están todos ellos.

61. b) Enseñanza.

62. c) Asistencia de Letrado.

63. b) Inviolabilidad del domicilio.

64. b) El Rey.

65. d) Por ley orgánica.

66. a) Las Cortes Generales.

67. c) Nombrar y relevar a los miembros civiles y militares de la Casa Real.

68. a) Al Rey.

69. d) Por mandato constitucional y en nombre del Rey.

70. d) Está limitada.

71. a) Cualquier persona nombrada por las Cortes, en su caso.

72. c) Al acceder a Rey su padre, si no tiene hermano varón.

73. d) Las respuestas b) y c) son correctas.

74. c) Gobierno de la Nación.

75. a) Su irresponsabilidad política.

76. d) Nada de lo anterior es cierto.

77. c) Se nombraría Princesa heredera a su hermana mayor, si la hubiere.

78. b) Ha de efectuarse a petición del Presidente del Gobierno de la Nación.

79. a) Cortes Generales.

80. b) Proveerá a la sucesión en la Corona por las Cortes Generales.

81. c) Cortes Generales.

82. b) Cortes Generales.

83. d) Las Cortes Generales.

84. c) Una, tres o cinco personas.

85. c) Quince días.

El Estatuto de Autonomía de la Comunidad Valenciana. Estructura y Principios Fundamentales. Competencias de la Generalitat Valenciana y su desarrollo normativo. La Generalitat Valenciana: Les Corts: composición, constitución y funciones. El Consell: composición, atribuciones y funcionamiento. Otras Instituciones: El Sindic de Greuges y la Sindicatura de Comptes

1. Les Corts designarán los Senadores que le correspondan para representar la Comunitat Valenciana de conformidad:

a) Con la Ley Electoral General Estatal.
b) Con el Reglamento de Les Corts.
c) Con la Ley de Designación de Senadores en representación de la Comunidad Autónoma.
d) Con la Ley Electoral Valenciana.

2. La Ley Electoral Valenciana precisará, para su aprobación:

a) 2/3 partes de Les Corts.
b) Mayoría absoluta de Les Corts.
c) 3/5 partes de Les Corts.
d) 2/5 partes de Les Corts.

3. Las leyes de la Generalitat serán publicadas:

a) En el Boletín Oficial del Estado, en las dos lenguas oficiales.
b) En el Diario Oficial de la Generalitat.
c) En el Boletín Oficial del Estado, en los quince días siguientes a su aprobación.
d) En el Diario Oficial de la Generalitat con carácter inmediato.

4. ¿Cuál de las siguientes no es función de Les Corts?

a) Exigir la responsabilidad política de un Conseller.
b) Controlar la acción del Consell.
c) Controlar parlamentariamente a la Administración que esté bajo la autoridad de la Generalitat.
d) Interponer recursos de inconstitucionalidad.

5. ¿Cuál de las siguientes no es función de Les Corts?

a) Crear comisiones especiales de investigación.
b) Nombrar al President de la Generalitat.
c) Aprobar las emisiones de deuda pública.
d) Solicitar al Gobierno del Estado la adopción de proyectos de ley.

6. La iniciativa legislativa de Les Corts será ejercida por:

a) Los grupos parlamentarios, exclusivamente.
b) Únicamente por los diputados y diputadas.
c) Por el Consell, los diputados y diputadas de Les Corts, y los grupos parlamentarios de Les Corts.
d) Por el Consell exclusivamente.

7. El Reglamento de Les Corts:

a) Es una norma de rango inferior a ley.
b) Es una norma de rango equivalente al Estatuto de Autonomía.
c) Es una norma administrativa.
d) Tiene rango de ley.

8. El aforamiento de un Diputado o Diputada de Les Corts:

a) Supone la inviolabilidad del mismo.
b) Se extiende a responsabilidad penal y civil.
c) Supone la inmunidad del mismo.
d) Supone que su responsabilidad penal o civil será exigida siempre ante el Tribunal Superior de Justicia de la Comunitat Valenciana.

9. El President de la Generalitat podrá disolver Les Corts:

a) En la forma que determine el Estatuto de Autonomía.
b) En la forma que determine la Ley del Consell.
c) En la forma que determine la Ley Electoral Valenciana.
d) En la forma que determine el Reglamento de Les Corts.

10. Para que Les Corts celebren sesiones en lugar distinto a su sede oficial:

a) Se precisará conformidad del Consell.
b) Se precisa decisión en tal sentido del Consell y de los órganos de gobierno de Les Corts.
c) Se necesita decisión en tal sentido del Presidente del Consell.
d) Se precisa decisión en tal sentido de los órganos de gobierno de Les Corts.

11. Para determinados efectos, el mandato de los Diputados de Les Corts concluye:

a) El día en que se convocan las elecciones.
b) El día en que se celebran las elecciones.
c) El día de antes al de celebración de las elecciones.
d) El día siguiente al que se convocan las elecciones.

12. Las sesiones del Pleno de Les Corts:

a) Tienen que ser públicas salvo en los supuestos en que la ley permita lo contrario.
b) Tienen que ser públicas.
c) Tienen que ser públicas salvo en los supuestos en que el Reglamento de Les Corts permita lo contrario.
d) Tienen que ser públicas salvo en las materias en que el Estatuto de Autonomía permite lo contrario.

13. La denominación del Título III del Estatuto de Autonomía es:

a) La Generalitat
b) Los órganos de la Generalitat.
c) El Gobierno de la Generalitat.
d) Instituciones de la Comunidad Valenciana.

14. Según el Estatuto de Autonomía, ¿qué número de votos deberá haber obtenido el partido, federación, agrupación de electores o coalición que se hayan presentado a las elecciones para poder ser proclamados diputados electos de Les Corts?

a) El 5% de los votos de la Comunidad.
b) El 3% de los votos de su circunscripción electoral.
c) El número de votos que determine la Ley Electoral Valenciana.
d) El 5% de los votos de su circunscripción electoral.

15. El Título III del Estatuto de Autonomía:

a) No tiene Capítulos.
b) Tiene 5 Capítulos.
c) Tiene 3 Capítulos.
d) Tiene 7 Capítulos.

16. Las leyes de la Generalitat son promulgadas:

a) Por el President de la Generalitat.
b) Por el Presidente de Les Corts.
c) Por el Rey.
d) Por el Consell.

17. Les Corts podrán:

a) Presentar en la Mesa del Congreso proyectos de ley y nombrar a los diputados encargados de defenderlas.
b) Solicitar al Gobierno del Estado que este realice un proyecto de ley.
c) Presentar, ante cualquiera de las Cámaras de las Cortes Generales, proyectos de ley y nombrar a los diputados encargados de defenderlas.
d) Remitir al Gobierno del Estado proyectos de ley.

18. El Título III del Estatuto de Autonomía comprende los artículos:

a) 25 a 49, inclusive.
b) 20 a 48, inclusive.
c) 24 a 52, inclusive.
d) 31 a 62, inclusive.

19. La convocatoria de una sesión extraordinaria de Les Corts se realiza por:

a) El Presidente de Les Corts.
b) El Consell.
c) El President de la Generalitat.
d) La Diputación Permanente de Les Corts.

20. Los acuerdos de Les Corts:

a) Se tomarán por mayoría absoluta salvo que el Reglamento de las mismas disponga lo contrario.
b) Se tomarán siempre por mayoría absoluta o por mayoría simple.
c) Se tomarán por mayoría simple, salvo que la ley disponga otra cosa.
d) Se tomarán por mayoría simple, salvo que una disposición expresamente disponga otra cosa.

21. Los firmantes de una moción de censura que no resulte aprobada:

a) No pondrán presentar otra en el mismo año.
b) No podrán votar la siguiente que presente su grupo parlamentario en ese mandato.
c) No podrán presentar otra en el mismo periodo de sesiones.
d) No podrán presentar otra en el mismo año.

22. La proposición a Les Corts de candidato a President de la Generalitat se realizará:

a) Por los grupos parlamentarios.
b) Por el Presidente de Les Corts.
c) Por los partidos políticos con representación en Les Corts.
d) Por los grupos políticos existentes en Les Corts.

23. Si la moción de censura presentada es aprobada:

a) El candidato será nombrado President de la Generalitat.
b) El candidato se someterá a la votación de investidura.
c) El candidato solicitará la ratificación por Les Corts.
d) El candidato disolverá Les Corts, dentro del plazo marcado legalmente, y convocará elecciones.

24. El plazo para repetir la votación de nombramiento de President de la Generalitat, si en la primera no consigue la mayoría absoluta:

a) Es el mismo plazo que dispone en el Estatuto para presentar mociones de censura alternativas.
b) Es de 72 horas.
c) Es el mismo plazo que dispone el Estatuto de espera antes de votar la moción de censura.
d) Es de 48 horas.

25. El debate de elección de President de la Generalitat se realizará:

a) Conforme a las normas determinadas en el Reglamento de Les Corts.
b) Conforme a las normas determinadas en la Ley de Gobierno Valenciano.
c) Tal como determine libremente el Presidente de Les Corts.
d) Tal como determine la ley estatal aplicable.

26. Para que el Presidente del Consell presente cuestión de confianza:

a) Se precisa autorización de Les Corts.
b) Se precisa celebración de reunión y deliberación del Consell.
c) No se precisa otro requisito que la voluntad libre del Presidente.
d) Se precisará mayoría simple de Les Corts.

27. ¿Cuál de las siguientes afirmaciones es cierta?

a) La responsabilidad penal del Presidente del Consell se exige de la misma forma que la de los Diputados de Les Corts.
b) Al Presidente del Consell no se le puede exigir responsabilidad civil alguna.
c) El Presidente del Consell no es aforado.
d) La responsabilidad penal del Presidente del Consell, se exige de la misma forma que a los miembros del Consell.

28. La convocatoria de una consulta popular en la Comunitat Valenciana:

a) Se realizará conforme a lo que disponga exclusivamente la ley autonómica.
b) Se realizará conforme a lo que disponga la legislación estatal.
c) Se realizará teniendo en cuenta únicamente la ley autonómica cuando el asunto sometido a consulta sea local o autonómico.
d) Se realizará conforme a la norma autonómica si el objeto de la consulta es local, si es autonómica o estatal se estará a lo que disponga la legislación estatal.

29. No elegido por Les Corts el primer candidato a la Presidencia de la Generalitat propuesto:

a) El Presidente de Les Corts realizará nuevas consultas.

b) El Presidente de Les Corts las disolverá mediante decreto.

c) El Presidente de Les Corts podrá proponer otro candidato sin necesidad de realizar nuevas consultas.

d) Se verá ratificado en su cargo para un nuevo mandato el President de la Generalitat en funciones.

30. La forma de nombramiento de los miembros del Consell será regulada por:

a) Disposiciones del President de la Generalitat.

b) El Reglamento de Les Corts.

c) Ley de Les Corts.

d) Normas internas del Consell.

31. La interposición de un recurso de inconstitucionalidad:

a) Solo puede realizarlo el Consell.

b) Lo podrá realizar el Consell y Les Corts.

c) Únicamente podrá realizarlo Les Corts.

d) Lo tendrán que realizar conjuntamente el Consell y Les Corts.

32. Las normas que dicte el Consell:

a) Deberán ser publicadas en el Diario Oficial de la Generalitat.

b) Serán publicadas en el Boletín Oficial del Estado según lo que disponga la norma autonómica correspondiente.

c) Podrán, algunas de ellas, no ser publicadas en el Diario Oficial de la Generalitat.

d) Se publicarán en el Diario Oficial de la Generalitat y en el Boletín Oficial del Estado.

33. El President de la Generalitat:

a) Ostenta la más alta representación del Estado en la Comunitat Valenciana.

b) No ostenta representatividad alguna del Estado en la Comunitat Valenciana.

c) Ostenta la representación ordinaria del Estado en la Comunitat Valenciana.

d) Ostenta la representación administrativa del Estado en la Comunitat Valenciana.

34. Que el Consell establezca sedes en lugares de la Comunitat Valenciana diferentes al que tiene su sede oficial, responde al principio de:

a) Desconcentración.

b) Responsabilidad administrativa.

c) Autonomía funcional.

d) Descentralización.

35. Si el Consell presenta una cuestión de confianza respecto a un proyecto de ley:

a) La aprobación de la cuestión de confianza supone la aprobación íntegra del proyecto de ley.

b) La aprobación de la cuestión de confianza no supone que Les Corts no puedan modificar, por mayoría simple, el proyecto de ley.

c) Supone, al igual que sucede con las proposiciones de ley, la aprobación íntegra del proyecto de ley.

d) La aprobación de la cuestión de confianza no supone que Les Corts no puedan modificar, por mayoría absoluta, el proyecto de ley.

36. La moción de censura:

a) Precisa para su interposición de una décima parte de los Diputados de Les Corts y para su aprobación mayoría absoluta.

b) Precisa para su interposición de una quinta parte de los Diputados de Les Corts y para su aprobación mayoría absoluta.

c) Precisa para su interposición de una décima parte de los Diputados de Les Corts y para su aprobación mayoría simple.

d) Precisa para su interposición de una quinta parte de los Diputados de Les Corts y para su aprobación mayoría simple.

37. El Presidente de Les Corts, después de la ronda de consultas, es libre para proponer candidato a la Presidencia de la Generalitat:

a) Sí, no está sujeto a ninguna norma.

b) Sí, salvo que el Pleno de Les Corts haya impuesto alguna norma.

c) Únicamente tendrá que cumplir con lo que disponga a tal efecto el Reglamento de Les Corts.

d) No, está sujeto a los apoyos que hayan manifestado los grupos políticos de Les Corts.

38. Si hay renuncia por el President de la Generalitat a su cargo:

a) Se convocarán elecciones.

b) El Presidente de Les Corts decidirá si convoca elecciones.

c) El Presidente de Les Corts iniciará ronda de consultas con los grupos políticos de Les Corts.

d) Será el nuevo Presidente el que está obligado a convocar elecciones.

39. Los conflictos de competencia de la Comunidad con el Estado:

a) Serán interpuestos por el Consell pero precisando autorización previa de Les Corts.

b) La presentación de los mismos es competencia tanto del Consell como de Les Corts.

c) Podrán ser interpuestos por el Consell sin intervención alguna de Les Corts.

d) Deberán ser presentados por Les Corts aunque siempre a iniciativa del Consell.

40. ¿Cuál de las siguientes afirmaciones respecto a los miembros del Consell es cierta?

a) El Estatuto de Autonomía limita el número de miembros del Consell a once, incluyendo a su Presidente.

b) El Estatuto de Autonomía no limita el número de miembros del Consell.

c) El Estatuto de Autonomía limita el número de miembros del Consell a diez incluyendo su Presidente.

d) El Estatuto de Autonomía prohíbe que una ley posterior limite el número de miembros del Consell.

41. La competencia del Síndic de Greuges se extiende a los derechos y libertades reconocidos:

a) En el Estatuto de Autonomía exclusivamente.

b) En el Estatuto de Autonomía y las leyes autonómicas sobre la materia.

c) En la CE y en el Estatuto de Autonomía.

d) En el ordenamiento jurídico estatal y autonómico.

42. La Sindicatura de Comptes:

a) Efectúa el control externo de la actividad financiera de la Generalitat.

b) No podrá realizar control sobre los entes locales.

c) Solo podrá efectuar el control externo de la actividad financiera de la Generalitat y de los entes locales comprendidos en el territorio de la Comunitat Valenciana.

d) Podrá realizar control externo económico y presupuestario respecto a todos los órganos e instituciones, públicos o privados, comprendidos en el territorio de la Comunitat Valenciana.

43. La Generalitat:

a) Tiene asumida la gestión del catastro.

b) Podrá colaborar en la gestión del catastro con la Administración General del Estado.

c) Ejecutará las normas estatales sobre la gestión del catastro.

d) Regulará, dentro de la normativa estatal, la gestión del catastro.

44. Las competencias exclusivas que tiene la Generalitat:

a) Podrán ser ampliadas mediante ley orgánica estatal.

b) Pueden ser ampliadas posteriormente por ley.

c) No pueden ser ampliadas con tal carácter, pero sí pueden ampliarse las compartidas o de ejecución.

d) Pueden ampliarse mediante cualquier norma concertada entre el Estado y la Generalitat.

45. En cuanto a las obras públicas, será competencia exclusiva de la Generalitat:

a) Cuando estas afecten al interés general del Estado.

b) Cuando estas afecten a la Comunitat Valenciana y, aunque afecten a otra, esta otra autonomía no tenga que realizar obra alguna.

c) Aquellas que afecten a la Comunitat Valenciana y no afecten a ninguna otra Comunidad y, a la vez, no sean de interés general del Estado.

d) Cualquier obra que sea calificada así por el Consell con la ratificación del Gobierno de la Nación.

46. La ordenación del litoral:

a) Es competencia exclusiva de la Generalitat.

b) Es competencia compartida del Estado y de la Generalitat.

c) Es competencia exclusiva del Estado.

d) Es competencia compartida del Estado y de la Generalitat, y esta solo podrá ejecutar las normas estatales.

47. El artículo del Estatuto que enumera las competencias exclusivas de la Generalitat es el:

a) 53.

b) 52.

c) 41.

d) 49.

48. ¿En cuál de estas materias la Generalitat ostenta únicamente la ejecución de la legislación del Estado?

a) Fondos Europeos y estatal de garantía agraria en la Comunitat Valenciana.

b) Regulación y administración de la enseñanza.

c) Creación de centros de protección para grupos necesitados de protección especial.

d) Casinos.

49. Además de las competencias enumeradas en el Estatuto como competencia de la Generalitat, únicamente como de desarrollo legislativo y de ejecución por la misma:

a) La Generalitat puede recibir transferencias de otras con el mismo carácter por medio de ley estatal.

b) La Generalitat puede recibir transferencias de otras con el mismo carácter por medio de ley orgánica.

c) La Generalitat puede recibir transferencias de otras con el mismo carácter por medio de ley estatal concertada con ley de la Generalitat.

d) La Generalitat no puede recibir transferencias de otras con el mismo carácter salvo circunstancias excepcionales.

50. ¿Cuál de estas afirmaciones es cierta respecto a las competencias de la Generalitat?

a) La Generalitat no tiene competencia exclusiva sobre urbanismo y vivienda.
b) La Generalitat no tiene competencia exclusiva sobre alteraciones en los términos municipales.
c) La Generalitat no tiene competencia exclusiva sobre la autorización de endeudamiento de los entes locales de la Comunidad Valenciana.
d) La Generalitat no tiene competencia exclusiva sobre Servicios Sociales.

51. El Sindic de Greuges en su condición de defensor de derechos de la infancia y de la adolescencia actuará:

a) Subsidiariamente respecto al Ministerio Fiscal.
b) Prioritariamente al Ministerio Fiscal.
c) Sin detrimento de la actuación del Ministerio Fiscal.
d) Con exclusión del Ministerio Fiscal.

52. El Consell Jurídic Consultiu fundamentará sus dictámenes:

a) Exclusivamente en lo dispuestos en el Estatut.
b) Exclusivamente en las leyes de la Comunitat Valenciana.
c) En el conjunto normativo existente
d) Solo en las leyes existentes, tanto autonómicas como estatales.

53. La Academia Valenciana de la Llengua es una institución de carácter público:

a) Adscrita a Les Corts.
b) Adscrita al Consejo Valenciano de Cultura.
c) Adscrita a la Presidencia de Les Corts.
d) Adscrita a la Presidencia de la Generalitat.

54. El Comité Econòmic i Social respecto al Anteproyecto de la Ley de Presupuesto de la Generalitat:

a) No realizará dictamen alguno.
b) Realizará dictamen preceptivo y vinculante.
c) Realizará dictamen preceptivo y no vinculante.
d) Realizará, en su caso, dictamen facultativo y en ese caso con carácter vinculante.

55. Si una persona quiere instar del Síndic de Greuges el inicio del procedimiento:

a) Podrá hacerlo a través de representante siempre que esté debidamente acreditado.
b) Tendrá que realizar la petición directamente por sí.
c) En las materias determinadas en la ley de la institución podrá instarlo por medio de representante debidamente acreditado.
d) Tendrá que ser asistido de abogado en ejercicio.

56. Las peticiones que el Consell realice a la Sindicatura de Comptes:

a) Tendrán que ser proporcionadas.
b) Deberán ser autorizadas por el Consell Jurídic Consultiu.
c) Tendrán carácter excepcional.
d) Deberán ser autorizadas por Les Corts.

57. La regulación del régimen interno del personal al servicio del Sindic de Greuges:

a) Corresponde al Síndic de Greuges sin aplicación de otras normas.
b) Se realizará mediante la aplicación preferente de las normas generales.
c) Corresponde al Síndic de Greuges sin perjuicio de las normas generales que sean de aplicación.
d) Se realizará conforme a las disposiciones emanadas de Les Corts.

58. Cuando el Síndic de Greuges reciba una queja en relación con un organismo del Administración General del Estado:

a) La remitirá al Defensor del Pueblo.
b) La archivará comunicando al interesado el órgano competente para su tramitación.
c) La remitirá a la Presidencia del Consell.
d) La archivará comunicándolo al interesado.

59. En su actuación, la Sindicatura de Comptes observará los principios de:

a) Progresividad.
b) Objetividad.
c) Discrecionalidad.
d) Compensación.

60. Cuando el Síndic de Greuges reciba una queja en relación con un organismo de la Administración de Justicia:

a) La archivará comunicándolo al interesado.
b) La archivará comunicando al interesado el órgano competente para su tramitación.
c) La admitirá si no excede de las competencias de la Generalitat sobre sus medios personales o materiales.
d) La remitirá al Defensor del Pueblo.

Solución al test n.º 2

1. c) Con la Ley de Designación de Senadores en representación de la Comunidad Autónoma.

2. a) 2/3 partes de Les Corts.

3. b) En el Diario Oficial de la Generalitat.

4. a) Exigir la responsabilidad política de un Conseller.

5. b) Nombrar al President de la Generalitat.

6. c) Por el Consell, los diputados y diputadas de Les Corts, y los grupos parlamentarios de Les Corts.

7. d) Tiene rango de ley.

8. b) Se extiende a responsabilidad penal y civil.

9. b) En la forma que determine la Ley del Consell.

10. d) Se precisa decisión en tal sentido de los órganos de gobierno de Les Corts.

11. c) El día de antes al de celebración de las elecciones.

12. c) Tienen que ser públicas salvo en los supuestos en que el Reglamento de Les Corts permita lo contrario.

13. a) La Generalitat.

14. c) El número de votos que determine la Ley Electoral Valenciana.

15. d) Tiene 7 Capítulos.

16. a) Por el President de la Generalitat.

17. b) Solicitar al Gobierno del Estado que este realice un proyecto de ley.

18. b) 20 a 48, inclusive.

19. a) El President de Les Corts.

20. d) Se tomarán por mayoría simple, salvo que una disposición expresamente disponga otra cosa.

21. c) No podrán presentar otra en el mismo periodo de sesiones.

22. b) Por el President de Les Corts.

23. a) El candidato será nombrado President de la Generalitat.

24. d) Es de 48 horas.

25. a) Conforme a las normas determinadas en el Reglamento de Les Corts.

26. b) Se precisa celebración de reunión y deliberación del Consell.

27. a) La responsabilidad penal del President del Consell se exige de la misma forma que la de los diputados de Les Corts.

28. b) Se realizará conforme a lo que disponga la legislación estatal.

29. c) El President de Les Corts podrá proponer otro candidato sin necesidad de realizar nuevas consultas.

30. c) Ley de Les Corts.

31. b) Lo podrá realizar el Consell y Les Corts.

32. a) Deberán ser publicadas en el Diario Oficial de la Generalitat.

33. c) Ostenta la representación ordinaria del Estado en la Comunitat Valenciana.

34. d) Descentralización.

35. a) La aprobación de la cuestión de confianza supone la aprobación íntegra del proyecto de ley.

36. b) Precisa para su interposición de una quinta parte de los diputados de Les Corts y para su aprobación mayoría absoluta.

37. d) No, está sujeto a los apoyos que hayan manifestado los grupos políticos de Les Corts.

38. c) El President de Les Corts iniciará ronda de consultas con los grupos políticos de Les Corts.

39. c) Podrán ser interpuestos por el Consell sin intervención alguna de Les Corts.

40. b) El Estatuto de Autonomía no limita el número de miembros del Consell.

41. c) En la CE y en el Estatuto de Autonomía.

42. a) Efectúa el control externo de la actividad financiera de la Generalitat.

43. b) Podrá colaborar en la gestión del catastro con la Administración General del Estado.

44. a) Podrán ser ampliadas mediante ley orgánica estatal.

45. c) Aquellas que afecten a la Comunitat Valenciana y no afecten a ninguna otra Comunidad y, a la vez, no sean de interés general del Estado.

46. a) Es competencia exclusiva de la Generalitat.

47. d) 49.

48. a) Fondos Europeos y estatal de garantía agraria en la Comunitat Valenciana.

49. b) La Generalitat puede recibir transferencias de otras con el mismo carácter por medio de ley orgánica.

50. c) La Generalitat no tiene competencia exclusiva sobre la autorización de endeudamiento de los entes locales de la Comunitat Valenciana.

51. c) Sin detrimento de la actuación del Ministerio Fiscal.

52. c) En el conjunto normativo existente.

53. d) Adscrita a la Presidencia de la Generalitat.

54. a) No realizará dictamen alguno.

55. a) Podrá hacerlo a través de representante siempre que esté debidamente acreditado.

56. c) Tendrán carácter excepcional.

57. c) Corresponde al Síndic de Gregues sin perjuicio de las normas generales que sean de aplicación.

58. a) La remitirá al Defensor del Pueblo.

59. b) Objetividad.

60. c) La admitirá si no excede de las competencias de la Generalitat sobre sus medios personales o materiales.

TEST N.º 3

La provincia como entidad local. Organización y competencias. El Pleno Provincial: composición y atribuciones. El Presidente: competencias, delegación de las mismas, y sus resoluciones. La Junta de Gobierno y las Comisiones Informativas

1. De acuerdo con el artículo 141.1 de la Constitución española:

a) La Provincia es una Entidad Local con personalidad jurídica propia, determinada por la agrupación de Municipios y división territorial para el cumplimiento de las actividades de la Comunidad Autónoma.

b) La Provincia es una Entidad Local con personalidad jurídica propia, determinada por la agrupación de comarcas y división territorial para el cumplimiento de las actividades del Estado.

c) La Provincia es una Entidad Local con personalidad jurídica propia, determinada por la agrupación de Municipios y división territorial para el cumplimiento de las actividades del Estado.

d) La Provincia es una Entidad Local con personalidad jurídica propia, determinada por la agrupación de Municipios y división territorial para el cumplimiento de los fines de la Unión Europea.

2. El Decreto de Javier de Burgos fue:

a) El que realizó la efectiva división provincial y fue aprobado en el año 1833.

b) El que aprobó la extinción de las Diputaciones Provinciales en Cataluña.

c) El que realizó la efectiva división provincial y fue aprobado en el año 1843.

d) El que abogó por el carácter regionalista de la provincia.

3. Según la Constitución española:

a) En los Archipiélagos, las Islas tendrán además su administración propia en forma de Cabildos o Consejos.

b) El gobierno y la administración autónoma de las Provincias estarán encomendados a los Ayuntamientos.

c) La Provincia es circunscripción electoral para la elección de Diputados y Senadores.
d) Las respuestas a) y c) son correctas.

4. El territorio de la Nación española se divide en:

a) 40 Provincias.
b) 54 Provincias.
c) 60 Provincias.
d) 50 Provincias.

5. Son fines propios y específicos de la Provincia:

a) Asegurar la prestación integral y adecuada en la totalidad del territorio provincial de los servicios de competencia regional.
b) Participar en la coordinación de la Comunidad Autónoma y el Estado.
c) Garantizar los principios de solidaridad y equilibrio intermunicipales.
d) Asegurar la prestación integral y adecuada en la totalidad del territorio municipal de los servicios públicos.

6. El Presidente de la Diputación deberá jurar o prometer el cargo ante el Pleno de la misma:

a) Ante la Subdelegación del Gobierno.
b) Ante la Delegación del Gobierno.
c) Ante el Pleno de la misma.
d) Ante el Consejo de Diputaciones.

7. El mandato del Presidente de la Diputación será:

a) Por cinco años, pero puede ser destituido de su cargo mediante moción de censura o por la pérdida de una cuestión de confianza.
b) Por seis años, pero puede ser destituido de su cargo mediante moción de censura o por la pérdida de una cuestión de confianza.
c) Por cuatro años, pero puede ser destituido de su cargo mediante moción de censura o por la pérdida de una cuestión de confianza.
d) Por cuatro años, pero puede ser destituido de su cargo por votación de la mitad de los diputados provinciales.

8. No es una atribución del Presidente de la Diputación:

a) El planteamiento de conflictos de competencias a otras Entidades locales y demás Administraciones Públicas.
b) El ejercicio de las acciones judiciales y administrativas y la defensa de la Diputación en las materias de su competencia.
c) Representar a la Diputación.
d) Aprobar las bases de las pruebas para la selección del personal.

9. Corresponde al Presidente de la Diputación:

a) El ejercicio de las acciones judiciales y administrativas y la defensa en cualquier materia.
b) El despido del personal laboral.
c) La organización de la Diputación.
d) Ninguna respuesta es correcta.

10. El Presidente de la Diputación puede delegar el ejercicio de sus atribuciones, salvo:

a) El despido del personal laboral.
b) Concertar operaciones de crédito.
c) Aprobar la oferta de empleo público.
d) Las respuestas a) y b) son correctas.

11. Si una provincia tiene entre 500.001 a 1.000.000 residentes le corresponderá el siguiente número de Diputados:

a) 51.
b) 27.
c) 25.
d) 31.

12. Los Diputados se repartirán entre los Partidos Judiciales de la correspondiente Provincia, mediante el sistema de:

a) Asignar a cada Partido Judicial dos Diputados y distribuir los restantes proporcionalmente a la población de los mismos.
b) Asignar a cada Partido Judicial un Diputado y distribuir los restantes proporcionalmente a la población de los mismos.
c) Asignar a cada Partido Judicial diez Diputados y distribuir los restantes proporcionalmente a la población de los mismos.
d) Asignar a cada Partido Judicial dos Diputados y distribuir los restantes por el sistema de D'Hondt.

13. No corresponde al Pleno de la Diputación:

a) La aprobación de la plantilla de personal y la relación de puestos de trabajo.
b) La aprobación de los planes de carácter provincial.
c) Distribuir las retribuciones complementarias que no sean fijas y periódicas.
d) La declaración de lesividad de los actos de la Diputación.

14. Es una atribución de la Junta de Gobierno de la Diputación:

a) La asistencia al Pleno en el ejercicio de sus atribuciones.
b) La asistencia a las Comisiones Informativas en el ejercicio de sus atribuciones.

c) La asistencia al Presidente en el ejercicio de sus atribuciones.

d) Las atribuciones que el Pleno le delegue.

15. ¿Se puede perder la condición de Vicepresidente de la Diputación?

a) En ningún caso.

b) Sí, por renuncia expresa manifestada por escrito y por pérdida de la condición de miembro de la Junta de Gobierno.

c) Sí, por renuncia expresa manifestada oralmente y por pérdida de la condición de miembro de la Junta de Gobierno.

d) Sí, por renuncia expresa y por pérdida de la condición de miembro del Pleno.

16. Las Comisiones Informativas de las Diputaciones Provinciales:

a) Tienen por función el estudio, informe o resolución de los asuntos que hayan de ser sometidos a la decisión del Pleno.

b) Tienen por función el estudio, informe o consulta de los asuntos que hayan de ser sometidos a la decisión del Pleno.

c) Pueden ser generales y extinguirse automáticamente una vez que hayan dictaminado o informado sobre el asunto que constituye su objeto.

d) Pueden ser permanentes y se constituyen con carácter especial.

17. En relación con la Comisión Especial de Cuentas de la Diputación:

a) Le corresponde el examen y estudio e informe de todas las cuentas, presupuestarias y extrapresupuestarias, que deba aprobar el Pleno de la Corporación.

b) Su constitución, composición e integración y funcionamiento se ajusta a lo señalado para las demás Comisiones Informativas.

c) Le corresponde canalizar la participación de los ciudadanos y de sus asociaciones en materia de cuentas.

d) Las respuestas a) y b) son correctas.

18. La creación, composición, organización, ámbito de actuación y funcionamiento de los Consejos Sectoriales de las Diputaciones:

a) Serán establecidos en el correspondiente acuerdo plenario.

b) Serán establecidos en la correspondiente Resolución del Presidente.

c) Serán establecidos en el correspondiente acuerdo de la Junta de Gobierno.

d) Ninguna respuesta es correcta.

19. Las Provincias podrán realizar:

a) La gestión ordinaria de servicios propios de la Administración Autonómica.

b) La gestión ordinaria de servicios propios de la Administración Estatal.

c) La gestión ordinaria de servicios propios de la comarcas.

d) Todas las respuestas son falsas.

20. Los conflictos de atribuciones que surjan entre órganos y Entidades dependientes de una misma Corporación Local se resolverán:

a) No existen conflictos de atribuciones sino conflictos de jurisdicciones.

b) Los conflictos de atribuciones los resuelve el Estado.

c) Por el Pleno, cuando se trate de conflictos que afecten a órganos colegiados o miembros de estos.

d) No es posible que existan conflictos de atribuciones entre entidades dependientes de una misma Corporación.

21. ¿Podrán las Comunidades Autónomas crear una organización provincial complementaria a la prevista en la Ley de Bases de Régimen Local?

a) Sí.

b) En los casos que establezca el Reglamento Orgánico de la Diputación.

c) Solo en los supuestos establecidos en la ley.

d) Previa autorización de la Administración Estatal.

22. Las competencias delegadas:

a) Preverán técnicas de dirección y control de oportunidad y eficiencia.

b) En algunos casos preverán técnicas de dirección y control de oportunidad y eficiencia.

c) En ningún caso preverán técnicas de dirección y control de oportunidad y eficiencia.

d) Preverán técnicas de dirección pero no de control de oportunidad y eficiencia.

23. Las competencias propias de los Municipios, las Provincias, las Islas y demás Entidades Locales territoriales:

a) Solo podrán ser determinadas por reglamento y se ejercen en régimen de autonomía.

b) Solo podrán ser determinadas por ley y se ejercen en régimen de autonomía.

c) Solo podrán ser determinadas por ley y se ejercen en régimen de jerarquía.

d) Solo podrán ser determinadas por ley y se ejercen en régimen de tutela.

24. En el caso de la cuestión de confianza, si esta se vincula a la aprobación de los Presupuestos anuales, se entenderá otorgada la confianza si en el plazo de un mes desde que se votó el rechazo de la cuestión de confianza:

a) Se aprueba por mayoría simple.

b) No se presenta una moción de censura con candidato alternativo a Presidente.

c) Se aprueba por mayoría absoluta.

d) Las respuestas a) y c) son correctas

25. Son competencias propias de la Diputación:

a) Cementerios y actividades funerarias.
b) Promoción del deporte e instalaciones deportivas y de ocupación del tiempo libre.
c) Tráfico, estacionamiento de vehículos y movilidad.
d) La prestación de los servicios de administración electrónica y la contratación centralizada en los municipios con población inferior a 20.000 habitantes.

26. No es una competencia de la Diputación:

a) La prestación de servicios públicos de carácter supramunicipal.
b) La coordinación de los servicios municipales entre sí.
c) La asistencia y cooperación jurídica, económica y técnica a los Municipios.
d) Policía local, protección civil, prevención y extinción de incendios.

27. La Diputación:

a) Ejecuta las obras y servicio de competencia municipal establecidos en un plan provincial aprobado mensualmente.
b) Aprueba anualmente un plan provincial de cooperación a las obras y servicios de competencia provincial.
c) Aprueba cada seis meses un plan provincial de cooperación a las obras y servicios de competencia municipal.
d) Aprueba anualmente un plan provincial de cooperación a las obras y servicios de competencia municipal.

28. ¿Quién asegura, en su territorio, la coordinación de los diversos planes provinciales?

a) El Estado.
b) La Comunidad Autónoma.
c) La Comarca.
d) Las Áreas Metropolitanas.

29. La Diputación o entidad equivalente:

a) Asegura el acceso de la población de la Provincia al conjunto de los servicios mínimos de competencia municipal.
b) Da soporte a los Ayuntamientos para la tramitación de procedimientos administrativos.
c) Presta apoyo en la selección y formación del personal de los Ayuntamientos.
d) Todas las respuestas son correctas.

30. Los conflictos de competencias planteados entre diferentes Entidades Locales serán resueltos:

a) Previa audiencia de las Diputaciones afectadas.
b) Previa audiencia de los municipios afectados.

c) Por la Administración del Estado previa audiencia de las Comunidades Autónomas afectadas.

d) Previa audiencia del Estado.

31. Según la Constitución, a la Provincia solo la pueden gobernar y administrar autónomamente los/las:

a) Diputaciones.
b) Plenos de las mismas.
c) Presidentes.
d) Diputaciones u otro tipo de Corporaciones representativas.

32. Señala cuál de las siguientes no es una potestad o prerrogativa de una Entidad Local:

a) Tributaria y financiera.
b) La embargabilidad de sus bienes y derechos en los términos previstos en las leyes.
c) De ejecución forzosa y sancionadora.
d) Expropiatoria y de investigación.

33. El Estatuto Provincial de CALVO-SOTELO fue de:

a) 1929.
b) 1924.
c) 1925.
d) 1931.

34. Los órganos desconcentrados y descentralizados para la gestión de los servicios de las Provincias son creados por:

a) El Presidente de la Corporación.
b) El Pleno de la Corporación.
c) La Comisión de Cuentas.
d) La Junta de Gobierno.

35. La división provincial actual arranca del/de la:

a) Constitución vigente.
b) Constitución de 1812.
c) Decreto de Javier de Burgos de 1833.
d) Vigente Ley de Régimen Local.

36. Respecto al Estado, la delimitación provincial del territorio español:

a) Sirve para que este gestione a dicho nivel algunos de sus servicios.
b) Es la base del reconocimiento de los Municipios.

c) No tiene repercusión alguna.
d) Comporta la necesaria descentralización de su organización.

37. El Derecho autonómico ha atribuido a las Provincias la función de prestar servicios de la Comunidad Autónoma de carácter:

a) Delegado.
b) Desconcentrado.
c) Descentralizado.
d) Las respuestas a) y c) son correctas.

38. La denominación y capitalidad de una Provincia puede hacerse por:

a) Ley Orgánica de las Cortes Generales.
b) Ley ordinaria de las mismas.
c) Ley de la Asamblea Legislativa de la Comunidad Autónoma.
d) Real Decreto del Gobierno de la Nación.

39. La Provincia es circunscripción electoral para la elección de/de los:

a) Concejales.
b) Parlamentos Autonómicos.
c) Diputados Provinciales.
d) Todos los anteriores.

40. La alteración de los límites provinciales se efectuará por:

a) Ley de la Asamblea Legislativa de la Comunidad Autónoma respectiva.
b) Ley Orgánica de las Cortes Generales.
c) Acuerdo del Consejo de Ministros.
d) Acuerdo del Consejo de Gobierno de la Comunidad Autónoma correspondiente.

41. El ámbito sectorial en que la Provincia puede actuar con arreglo a Derecho, se denomina:

a) Ámbito decisorio.
b) Programa sectorial.
c) Sector de actuación.
d) Competencia provincial.

42. Las Diputaciones Provinciales fueron abolidas por Fernando VII en:

a) 1812.
b) 1814.

c) 1823.
d) 1833.

43. El número de Provincias existentes en la actualidad, en España, es:

a) Cincuenta y dos.
b) Cincuenta.
c) CIncuenta y uno.
d) Cincuenta y dos más las Islas.

44. La personalidad jurídica de las Provincias se califica por la ley de:

a) Plena.
b) Propia.
c) Depende del Ente que las crea.
d) No la tienen.

45. La Provincia participa en la:

a) Cooperación de la Administración Estatal y Autonómica con la Local.
b) Colaboración de dichas Administraciones.
c) Coordinación de la Administración Local con la de la Comunidad Autónoma y la del Estado.
d) No tiene participación alguna.

46. Los habitantes de una Provincia reciben, por esta condición, el nombre de:

a) Vecinos.
b) Provincianos.
c) Residentes.
d) Ninguno.

47. Son fines propios y específicos de las Provincias:

a) Realizar los servicios de competencia municipal.
b) Coordinar la Administración Municipal con la Estatal y Autonómica.
c) Garantizar los principios de solidaridad y autonomía intermunicipales.
d) Garantizar el principio de equilibrio intermunicipal.

48. En cuanto a los servicios municipales, la Provincia:

a) Debe efectuar su prestación.
b) Basta con que asegure dicha prestación.
c) Los gestiona de común acuerdo con los Ayuntamientos.
d) Nada de lo anterior es cierto.

49. Son órganos necesarios de toda Diputación Provincial el:

a) Pleno, el Presidente y los Vicepresidentes.
b) Presidente, los Vicepresidentes en su caso, el Pleno y la Junta de Gobierno.
c) Pleno, el Presidente, los Vicepresidentes y la Junta de Gobierno en todo caso.
d) Pleno, el Presidente, los Vicepresidentes y la Junta de Gobierno cuando así lo apruebe el Pleno.

50. No es un órgano necesario en una Diputación el/la/los:

a) Comisión Especial de Cuentas.
b) Pleno.
c) Diputados Delegados.
d) Vicepresidentes.

51. Entre los órganos complementarios de las Diputaciones no se encuentran los/las:

a) Juntas Sectoriales.
b) Comisiones Informativas.
c) Comisión Especial de Cuentas.
d) Diputados Delegados.

52. La elección del Presidente de una Diputación Provincial se hará:

a) Entre los que encabecen las correspondientes listas en las elecciones locales.
b) Por mayoría absoluta en primera vuelta y simple en la segunda.
c) Por mayoría absoluta en primera vuelta y, en su defecto, el de la lista más votada.
d) Entre todos los concejales elegidos en los Municipios de la Provincia.

53. El Presidente de la Diputación Provincial de Barcelona es:

a) Excelentísimo.
b) Ilustrísimo.
c) Señoría.
d) No existe esta figura allí.

54. El mandato de un Presidente de Diputación Provincial dura normalmente:

a) Cuatro años.
b) Cinco años.
c) Dos años, siendo reelegible.
d) Nueve años.

55. Desde su presentación a su debate y votación, respecto de una moción de censura al Presidente de una Diputación Provincial, no deben pasar más de:

a) Diez días hábiles, a partir del siguiente al de su presentación.
b) Cuatro días.
c) Quince días.
d) Siete días.

56. El Presidente de la Diputación no puede delegar la siguiente atribución:

a) Presidir la Junta de Gobierno.
b) Aprobar las bases de las pruebas de selección de los funcionarios.
c) Dirigir los servicios y obras de la Diputación.
d) Ninguna de las anteriores puede ser objeto de delegación.

57. La declaración de la excedencia forzosa de un funcionario de la Diputación es competencia del/de la:

a) Pleno de la misma.
b) Presidente.
c) Junta de Gobierno.
d) Junta de Personal.

58. El Presidente de la Diputación puede ejercer acciones judiciales:

a) En caso de urgencia solo.
b) Por delegación de la Junta de Gobierno.
c) En cualquier momento, respecto a las materias de su competencia.
d) Solo cuando afecten a la autonomía de la propia Diputación.

59. Asegurar la gestión de los servicios propios de la Comunidad Autónoma cuya gestión ordinaria esté encomendada a la Diputación es competencia del/de la:

a) Diputado-Delegado que corresponda.
b) Presidente de la Diputación.
c) Pleno de la Diputación.
d) Comunidad Autónoma.

60. Una Diputación de una Provincia con cuatro millones de habitantes tiene el siguiente número de Diputados:

a) Veintisiete.
b) Treinta y uno.
c) Cincuenta y uno.
d) Cincuenta y dos.

61. Las Diputaciones Provinciales de las Provincias con 700.000 habitantes cuentan con:

a) Veinticinco Diputados.
b) Treinta y un Diputados.
c) Cincuenta y un Diputados.
d) Veintisiete Diputados.

62. Los Diputados Provinciales se eligen:

a) Entre los Concejales de los Ayuntamientos de la Provincia.
b) Por los anteriores o los vecinos.
c) Por el Presidente de la Diputación.
d) Por la Junta Electoral de Zona.

63. Los Diputados se repartirán entre los:

a) Partidos políticos.
b) Grupos representados en la Diputación, según el número de Concejales que hayan obtenido en los distintos Municipios.
c) Partidos judiciales.
d) Municipios de la Provincia.

64. El Pleno de una Diputación no puede delegar la siguiente atribución:

a) Aprobación de los Planes de carácter provincial.
b) Organización de la Diputación.
c) Control de los órganos de gobierno.
d) No puede delegar ninguna de las anteriores.

65. La Junta de Gobierno ejerce competencias del Presidente:

a) Descentralizadas.
b) Delegadas.
c) Desconcentradas.
d) De ningún tipo.

66. Un Vicepresidente de una Diputación es un órgano:

a) Complementario.
b) Necesario.
c) Innecesario.
d) Nada de lo expuesto es cierto.

67. El nombramiento de los Vicepresidentes de las Diputaciones corresponde al/a la:

a) Pleno de cada Entidad.
b) Presidente de cada Entidad.
c) Grupo Político mayoritario.
d) Junta de Gobierno.

68. El Pleno de una Diputación, respecto del nombramiento del Vicepresidente de la misma:

a) Lo confirma.
b) Toma nota.
c) No tiene nada que hacer.
d) Puede revocarlo.

69. Los Vicepresidentes, en cuanto a las delegaciones de competencias que hubiere otorgado el Presidente:

a) Pueden revocarlas en cualquier momento.
b) Solo las pueden revocar cuando lo sustituyan por causa de ausencia o enfermedad.
c) En el supuesto anterior, no pueden revocarlas.
d) Nada de lo expuesto es correcto.

70. Los Diputados Delegados son:

a) Órganos necesarios de las Diputaciones Provinciales.
b) Órganos complementarios de las mismas.
c) No existe esta figura.
d) Elegidos por el Pleno de la Corporación.

71. El Presidente nato de las Comisiones Informativas es el:

a) Presidente de la Diputación Provincial.
b) Subdelegado del Gobierno en la Provincia.
c) Diputado-Delegado encargado del Área a que dediquen su actuación.
d) Vicepresidente de la Diputación, por delegación del Presidente.

72. En la organización provincial, los órganos que se constituyen, con participación ciudadana, para hacer un seguimiento de cuestiones de especial interés para la colectividad son los/las:

a) Comisiones Informativas.
b) Juntas de Distrito.
c) Asambleas Vecinales.
d) Consejos Sectoriales.

73. En la organización provincial, los órganos que se constituyen inexorablemente para preparar y dictaminar los asuntos que se sometan al Pleno de la Diputación, son los/las:

a) Comisiones Informativas.
b) Órganos desconcentrados.
c) Consejos Sectoriales.
d) Órganos delegados.

74. Los conflictos de atribuciones que surjan entre dos Diputados Delegados se resuelven por:

a) Pleno de la Diputación.
b) Presidente de la misma.
c) Tribunal Superior de Justicia pertinente.
d) Pleno de los Ayuntamientos de donde procedan.

75. La asistencia y cooperación jurídica, económica y técnica por parte de las Diputaciones Provinciales debe dirigirse principalmente al/a los/las:

a) Comarcas constituidas en su territorio.
b) Municipios más conflictivos.
c) Municipios de menor capacidad económica y de gestión.
d) Ayuntamiento de la capital de la Provincia.

76. ¿Quién aprueba el Plan Provincial de Cooperación a las Obras y Servicios de competencia municipal?

a) El Presidente de la Diputación.
b) Los Alcaldes de los pueblos afectados.
c) La Comunidad Autónoma.
d) El Pleno de la Diputación.

77. Los Planes Provinciales de Cooperación a las Obras y Servicios de competencia municipal se sufragan con:

a) Medios exclusivos de la Diputación de que se trata.
b) Subvenciones de los Municipios interesados.
c) Aportaciones de los propios Municipios, medios de la Diputación y subvenciones de otras Administraciones Públicas.
d) Operaciones de crédito avaladas por el Estado y la Comunidad Autónoma.

78. Los Municipios afectados, en la elaboración de los Planes Provinciales de Cooperación a las Obras y Servicios de competencia municipal:

a) Deben participar.
b) Solo son informados de sus directrices.

c) Lo aprueban en Asamblea de sus respectivos Alcaldes.

d) No tienen nada que hacer.

79. En la tramitación de los procedimientos administrativos por los Ayuntamientos, las Diputaciones Provinciales:

a) Sustituyen a los mismos.

b) No puede intervenir.

c) Da soporte a los mismos, cuando aquellos se lo encomienden.

d) Nada de lo expuesto es cierto.

80. Contra la decisión de una Comunidad Autónoma resolviendo un conflicto de competencias entre dos Diputaciones puede plantearse recurso:

a) De amparo.

b) Contencioso-administrativo.

c) De inconstitucionalidad.

d) De ningún tipo.

81. La Junta de Gobierno se integra por el Presidente y un número de Diputados:

a) Inferior a 32.

b) No superior a la mitad del número de los mismos.

c) No superior al tercio del número legal de los mismos.

d) No superior a 21.

82. Señala la respuesta incorrecta respecto a la Provincia:

a) En los Archipiélagos, las Islas tendrán además su administración propia en forma de Cabildos o Consejos.

b) El gobierno y la administración autónoma de las Provincias estarán encomendados a Diputaciones u otras Corporaciones de carácter representativo.

c) No se podrán crear agrupaciones de Municipios diferentes de la Provincia.

d) Cualquier alteración de los límites provinciales habrá de ser aprobada por las Cortes Generales mediante ley orgánica.

83. ¿Hasta qué número de residentes, las Diputaciones, contarán con 25 Diputados Provinciales?

a) Hasta 500.000.

b) Hasta 500.001.

c) Hasta 750.000.

d) Hasta 750.001.

84. ¿Quién elige a los Diputados Provinciales?

a) Los Alcaldes de todos los Ayuntamientos del Partido Judicial.
b) Los vecinos de la Provincia mediante sufragio.
c) Los Concejales electos de todos los Ayuntamientos del Partido Judicial.
d) El Presidente de la Diputación Provincial.

85. ¿A quién corresponde el ejercicio de acciones administrativas y la defensa de la Corporación Provincial en materias de competencia plenaria?

a) Al Presidente de la Diputación.
b) Al Pleno de la Diputación Provincial.
c) A la Junta de Gobierno de la Diputación.
d) Al Vicepresidente Primero de la Diputación.

Solución al test n.º 3

1. c) La Provincia es una Entidad Local con personalidad jurídica propia, determinada por la agrupación de Municipios y división territorial para el cumplimiento de las actividades del Estado.

2. a) El que realizó la efectiva división provincial y fue aprobado en el año 1833.

3. d) Las respuestas a) y c) son correctas.

4. d) 50 Provincias.

5. c) Garantizar los principios de solidaridad y equilibrio intermunicipales.

6. c) Ante el Pleno de la misma.

7. c) Por cuatro años, pero puede ser destituido de su cargo mediante moción de censura o por la pérdida de una cuestión de confianza.

8. a) El planteamiento de conflictos de competencias a otras Entidades locales y demás Administraciones Públicas.

9. b) El despido del personal laboral.

10. d) Las respuestas a) y b) son correctas.

11. b) 27.

12. b) Asignar a cada Partido Judicial un Diputado y distribuir los restantes proporcionalmente a la población de los mismos.

13. c) Distribuir las retribuciones complementarias que no sean fijas y periódicas.

14. c) La asistencia al Presidente en el ejercicio de sus atribuciones.

15. b) Sí, por renuncia expresa manifestada por escrito y por pérdida de la condición de miembro de la Junta de Gobierno.

16. b) Tienen por función el estudio, informe o consulta de los asuntos que hayan de ser sometidos a la decisión del Pleno.

17. d) Las respuestas a) y b) son correctas.

18. a) Serán establecidos en el correspondiente acuerdo plenario.

19. a) La gestión ordinaria de servicios propios de la Administración Autonómica.

20. c) Por el Pleno, cuando se trate de conflictos que afecten a órganos colegiados o miembros de estos.

21. a) Sí.

22. a) Preverán técnicas de dirección y control de oportunidad y eficiencia.

23. b) Solo podrán ser determinadas por ley y se ejercen en régimen de autonomía.

24. b) No se presenta una moción de censura con candidato alternativo a Presidente.

25. d) La prestación de los servicios de administración electrónica y la contratación centralizada en los municipios con población inferior a 20.000 habitantes.

26. d) Policía local, protección civil, prevención y extinción de incendios.

27. d) Aprueba anualmente un plan provincial de cooperación a las obras y servicios de competencia municipal.

28. b) La Comunidad Autónoma.

29. d) Todas las respuestas son correctas.

30. c) Por la Administración del Estado previa audiencia de las Comunidades Autónomas afectadas.

31. d) Diputaciones u otro tipo de Corporaciones representativas.

32. b) La embargabilidad de sus bienes y derechos en los términos previstos en las leyes.

33. c) 1925.

34. b) El Pleno de la Corporación.

35. b) Constitución de 1812.

36. a) Sirve para que este gestione a dicho nivel algunos de sus servicios.

37. d) Las respuestas a) y c) son correctas.

38. b) Ley ordinaria de las mismas.

39. b) Parlamentos Autonómicos.

40. b) Ley Orgánica de las Cortes Generales.

41. d) Competencia provincial.

42. b) 1814.

43. b) Cincuenta.

44. b) Propia.

45. c) Coordinación de la Administración Local con la de la Comunidad Autónoma y la del Estado.

46. d) Ninguno.

47. d) Garantizar el principio de equilibrio intermunicipal.

48. b) Basta con que asegure dicha prestación.

49. c) Pleno, el Presidente, los Vicepresidentes y la Junta de Gobierno en todo caso.

50. c) Diputados Delegados.

51. a) Juntas Sectoriales.

52. b) Por mayoría absoluta en primera vuelta y simple en la segunda.

53. a) Excelentísimo.

54. a) Cuatro años.

55. a) Diez días hábiles, a partir del siguiente al de su presentación.

56. a) Presidir la Junta de Gobierno.

57. b) Presidente.

58. c) En cualquier momento, respecto a las materias de su competencia.

59. b) Presidente de la Diputación.

60. c) Cincuenta y uno.

61. d) Veintisiete Diputados.

62. a) Entre los Concejales de los Ayuntamientos de la Provincia.

63. c) Partidos judiciales.

64. d) No puede delegar ninguna de las anteriores.

65. b) Delegadas.

66. b) Necesario.

67. b) Presidente de cada Entidad.

68. b) Toma nota.

69. c) En el supuesto anterior, no pueden revocarlas.

70. b) Órganos complementarios de las mismas.

71. a) Presidente de la Diputación Provincial.

72. d) Consejos Sectoriales.

73. a) Comisiones Informativas.

74. b) Presidente de la misma.

75. c) Municipios de menor capacidad económica y de gestión.

76. d) El Pleno de la Diputación.

77. c) Aportaciones de los propios Municipios, medios de la Diputación y subvenciones de otras Administraciones Públicas.

78. a) Deben participar.

79. c) Da soporte a los mismos, cuando aquellos se lo encomienden.

80. b) Contencioso-administrativo.

81. c) No superior al tercio del número legal de los mismos.

82. c) No se podrán crear agrupaciones de Municipios diferentes de la Provincia.

83. a) Hasta 500.000.

84. c) Los Concejales electos de todos los Ayuntamientos del Partido Judicial.

85. b) Al Pleno de la Diputación Provincial.

TEST N.º 4

Régimen de sesiones y acuerdos de los órganos de gobierno locales. Actas, certificaciones, comunicaciones, notificaciones y publicación de los acuerdos. El registro de Documentos. La utilización de medios telemáticos

1. El Registro General permanecerá abierto al público:

a) Todos los días naturales.
b) Todos los días hábiles.
c) Todos los días, incluidos los fines de semana.
d) Los días alternos.

2. En el Registro de Salida se anotarán:

a) Los oficios y notificaciones, certificaciones, expedientes o resoluciones.
b) Los apuntes contables.
c) Las órdenes y comunicaciones.
d) Las respuestas a) y c) son correctas.

3. Si el documento presentado a Registro no reuniera los datos exigidos por la legislación reguladora del procedimiento administrativo común:

a) Se concederá un plazo de tres días para su subsanación.
b) Se invitará al interesado a que retire el documento.
c) Se apercibirá al interesado.
d) Se concederá un plazo de diez días para su subsanación.

4. Atendiendo a su finalidad fundamental, puede definirse la sesión como:

a) Un acto más del procedimiento.
b) Una reunión de los miembros de la Corporación.
c) Un procedimiento que tiene por objeto la formación y declaración de voluntad del órgano colegiado.
d) Una conferencia expositiva.

5. Las sesiones pueden ser:

a) Ordinarias y extraordinarias.
b) Ordinarias y permanentes.
c) Permanentes y especiales.
d) Ordinarias, extraordinarias y extraordinarias urgentes.

6. La periodicidad de las sesiones extraordinarias es:

a) Como mínimo cada mes en los Ayuntamientos de municipios de más de 20.000 habitantes.
b) Cada dos meses en los Ayuntamientos de los municipios de una población entre 5.001 habitantes y 20.000 habitantes.
c) Las sesiones extraordinarias no están sujetas a periodicidad.
d) Cada tres meses en los municipios de hasta 5.000 habitantes.

7. Si el Presidente no convocase el Pleno extraordinario solicitado por la cuarta parte, al menos, del número legal de miembros de la Corporación dentro del plazo de quince días hábiles desde que fuera solicitado:

a) Quedará automáticamente convocado para el décimo día hábil siguiente al de la finalización de dicho plazo, a las once horas.
b) Quedará automáticamente convocado para el undécimo día hábil siguiente al de la finalización de dicho plazo, a las doce horas.
c) Quedará automáticamente convocado para el décimo día hábil siguiente al de la finalización de dicho plazo, a las doce horas.
d) Ninguna respuesta es correcta.

8. La convocatoria de las sesiones dará lugar a la apertura del correspondiente expediente, en el que no deberá constar:

a) La constancia de las tasas que procedan.
b) La relación de expedientes conclusos.
c) La fijación del Orden del Día.
d) Minuta del Acta.

9. En el Orden del Día de las sesiones ordinarias se incluirá el punto de ruegos y preguntas:

a) De todos los asistentes.
b) Siempre.
c) De las asociaciones de vecinos.
d) En determinados casos.

10. ¿Es posible habilitarse otro edificio o local para la celebración de las sesiones?

a) En los casos de fuerza mayor.
b) En ningún caso.
c) Se celebrarán en la Casa Consistorial y si no es posible se suspenderá la sesión.
d) En todo caso, se celebrarán en Palacio Provincial o sede de la Corporación de que se trate.

11. Quien se considere aludido por una intervención podrá solicitar del Alcalde o Presidente:

a) La concesión de un turno por alusiones por tiempo de tres minutos.
b) Retirarse de la sesión.
c) Que se conceda un turno por alusiones, que será breve y conciso.
d) La concesión de un turno por alusiones por tiempo de cinco minutos.

12. ¿En qué consiste la moción?

a) Es la propuesta sometida a Pleno tras el estudio del expediente por la Comisión Informativa.
b) Es la propuesta que se somete a Pleno relativa a un asunto incluido en el Orden del Día sin haber pasado por la Comisión Informativa.
c) Es la propuesta que se somete directamente a conocimiento del Pleno, sobre un asunto no comprendido en el Orden del Día y que no tiene cabida en el punto de ruegos y preguntas.
d) Es la propuesta de modificación de un dictamen formulada por un miembro de la Comisión Informativa.

13. La votación podrá ser:

a) Por nombre y apellidos o por partido político.
b) Nominal, secreta y en voz alta.
c) Secreta y no secreta.
d) Nominal, secreta y ordinaria.

14. La votación secreta:

a) Podrá utilizarse para la aprobación de las Ordenanzas.
b) Solo podrá utilizarse para elección o destitución de personas.
c) Solo podrá utilizarse para la aprobación del Presupuesto.
d) Solo podrá utilizarse para el despido del personal laboral.

15. En los municipios de gran población no se exigirá el voto favorable de la mayoría absoluta del número legal de miembros del Pleno para:

a) La concertación de las operaciones de crédito.
b) Los acuerdos relativos a la participación en organizaciones supramunicipales.
c) La aprobación y modificación de los reglamentos de naturaleza orgánica.
d) Los acuerdos relativos a la delimitación y alteración del término municipal.

16. En los municipios de régimen de gran población se exigirá el voto favorable de la mayoría absoluta del número legal de miembros del Pleno para:

a) La determinación de los recursos propios de carácter tributario.
b) La alteración del nombre y de la capitalidad del municipio.
c) Las dos anteriores son correctas.
d) la aprobación y modificación de los presupuestos.

17. La enajenación de bienes, cuando su cuantía exceda del 20 % de los recursos ordinarios de su presupuesto requerirá:

a) Mayoría simple.
b) Mayoría de dos tercios.
c) Mayoría absoluta.
d) Mayoría de un tercio.

18. Cuando las resoluciones administrativas se dicten por delegación:

a) Se deberá dictar una resolución posterior por la Autoridad delegante.
b) Se acompañará de copia del acuerdo de delegación.
c) Podrá ser revocada en cualquier momento.
d) Se hará constar expresamente esta circunstancia y se considerarán dictadas por la Autoridad que la haya conferido.

19. No se hará constar en el Acta levantada por el Secretario:

a) Día, mes y año.
b) Edad de los miembros asistentes.
c) Asuntos examinados.
d) Hora en que el Presidente levante la sesión.

20. Las certificaciones de todos los actos, resoluciones y acuerdos de los órganos de gobierno de la Entidad:

a) Se expedirán siempre por el Secretario.
b) Se expedirán siempre por el Concejal-Secretario.
c) Se expedirán siempre por el Presidente.
d) Se expedirán siempre por el Secretario, salvo precepto expreso que disponga otra cosa.

21. El responsable de que se remita a los representantes de la Administración General del Estado y de la Comunidad Autónoma un extracto de los actos y acuerdos de una Corporación es, de forma mediata, el:

a) Presidente.
b) El Interventor.
c) Notificador.
d) Jefe de cada Dependencia.

22. El Registro General de una Entidad debe abrirse:

a) Todos los días.
b) Solo los hábiles.
c) Durante toda la jornada laboral.
d) Durante esta jornada, permaneciendo el resto del tiempo un retén.

23. Los Libros del Registro General de un Ayuntamiento pueden salir de la Corporación:

a) Cuando lo decrete el Alcalde y por resolución judicial.
b) Con autorización del Secretario General.
c) Para su custodia.
d) En ningún caso.

24. De los Libros del Registro General de un Ayuntamiento se pueden expedir:

a) Certificaciones.
b) Notificaciones.
c) Asientos.
d) Oficios.

25. Las certificaciones de los asientos de los Libros del Registro General las autoriza:

a) El Presidente.
b) El Secretario.
c) No son posibles.
d) El Encargado del Registro.

26. La clasificación y distribución de los documentos del Registro es competencia legal del/de los:

a) Ordenanzas.
b) Secretario General.
c) Encargado del Registro.
d) Presidente de la Corporación.

27. La determinación de la periodicidad de las sesiones plenarias ordinarias se acuerda por el:

a) Propio Pleno en la sesión constitutiva.
b) Alcalde o Presidente.
c) Pleno, con un mínimo de una al mes.
d) Pleno en sesión extraordinaria.

28. Puede pedir la celebración de sesión extraordinaria y debe, por ello, convocarse:

a) Un tercio del número de hecho de miembros de la Corporación.
b) Un tercio del número legal de miembros de la misma.
c) Una cuarta parte de este último número.
d) La décima parte de los mismos.

29. La celebración de una sesión extraordinaria solicitada legalmente, en principio, no debe demorarse, desde que se solicitó, por más de:

a) Cuatro días hábiles.
b) Dos meses.
c) Quince días hábiles.
d) Cuando lo estime oportuno el Alcalde, sin límite de tiempo.

30. Las sesiones extraordinarias se convocarán como mínimo:

a) Dos días naturales antes.
b) Veinticuatro horas antes.
c) Dos días hábiles antes.
d) No se requiere plazo alguno.

31. Las sesiones extraordinarias urgentes deben convocarse con una antelación mínima de:

a) Cuatro días.
b) Dos días naturales.
c) Dos días hábiles.
d) Nada de lo anterior es cierto.

32. Debe motivarse la convocatoria de:

a) Todas las sesiones.
b) Las ordinarias.
c) Las extraordinarias.
d) Ninguna de ellas.

33. Las sesiones que deben comenzar con un pronunciamiento sobre su urgencia son:

a) Todas.
b) Las extraordinarias.
c) Las ordinarias.
d) Las extraordinarias urgentes.

34. El orden del día de las sesiones:

a) Se adjunta a la convocatoria.
b) Se incluye en esta.
c) Se entrega antes de comenzar la sesión, una vez constituida.
d) Ninguna de las respuestas anteriores es correcta.

35. Pueden solicitar que un asunto se estudie en una sesión de Pleno sin haber sido dictaminado por la Comisión Informativa respectiva:

a) Solo el Alcalde.
b) Las Comisiones Informativas.
c) Los Portavoces de los Grupos Políticos.
d) Cualquier Concejal.

36. Se requiere ratificación de la inclusión de un asunto en el Orden del Día:

a) En caso de que se lleve por urgencias.
b) Si no se ha dictaminado previamente por la Comisión pertinente.
c) En los dos casos anteriores.
d) En cualquier caso.

37. Los ruegos y preguntas se incluyen en las sesiones:

a) De todo tipo.
b) Ordinarias.
c) Extraordinarias.
d) Urgentes.

38. La declaración de urgencia de un asunto no incluido en el orden del día requiere:

a) Decreto del Presidente.
b) Que sea sesión extraordinaria.
c) Mayoría absoluta del número legal de miembros.
d) Informe del Secretario General.

39. Un acuerdo sobre un asunto urgente que no haya sido considerado tal es:

a) Irregular.
b) Válido.
c) Nulo.
d) Anulable.

40. Puede redactarse en catalán una convocatoria u orden del día:

a) En cualquier caso.
b) Cuando así lo acuerde la propia Corporación.
c) En cualquier sesión de una Corporación Local.
d) Cuando sea lengua oficial.

41. Para declarar secreto el debate de un asunto en un Pleno se requiere:

a) Decreto del Alcalde o Presidente.
b) Que así se fije en la convocatoria.
c) Que lo acuerde la mayoría de los miembros.
d) Que se acuerde por mayoría absoluta de estos.

42. Para celebrar una sesión fuera de la sede de la Corporación se requiere:

a) Resolución de la Presidencia.
b) Acuerdo del órgano de que se trate.
c) Caso fortuito.
d) Nada de lo anterior, pues puede hacerse en cualquier caso y momento.

43. Terminar una sesión el mismo día en que comienza es:

a) Obligatorio.
b) La regla general.
c) Lo anormal.
d) Preceptivo en las ordinarias.

44. Como regla general, el mínimo de quórum para constituir válidamente el Pleno es de:

a) Un tercio del número legal de miembros.
b) Asistencia del Presidente y el Secretario, exclusivamente.
c) Tres miembros.
d) Depende de la convocatoria en que se celebra.

45. Si no hay quórum en la constitución de una sesión del Pleno se:

a) Celebra media hora después.
b) Celebra con carácter deliberante.
c) Convoca a la misma hora dos días después.
d) Entiende automáticamente convocada, a la misma hora, dos días después.

46. Si una vez constituida la sesión, quedaran menos de tres miembros en la misma se:

a) Levanta la misma.
b) Adoptan acuerdos que no requieran mayoría cualificada.

c) Puede adoptar cualquier acuerdo.
d) Entiende convocada la sesión dos días después.

47. Deben comunicarse a la Alcaldía las ausencias del término municipal de un Concejal que excedan de:

a) Dos días.
b) Un día.
c) Ocho días.
d) No es necesario hacerlo.

48. El Alcalde de un Municipio con población de trescientos mil habitantes puede sancionar a los miembros que no asistan a las sesiones con:

a) Separación del cargo.
b) Reprobación oficial.
c) Multa.
d) Suspensión provisional.

49. Un miembro no puede hacer uso de la palabra en una sesión:

a) Extraordinaria del Pleno o de la Junta de Gobierno Local.
b) Salvo por su Portavoz.
c) Cuando se vote.
d) Puede hacerlo en cualquier momento.

50. Las interrupciones en las sesiones del Pleno:

a) Solo se dan para que pueda informar un particular sobre un asunto concreto.
b) Están prohibidas.
c) Las señala discrecionalmente el Presidente de la sesión.
d) Se realizan siempre antes de votar, para deliberar.

51. La propuesta de modificación de un dictamen formulada por un miembro de la Comisión Informativa se denomina:

a) Moción.
b) Enmienda.
c) Voto particular.
d) Proposición.

52. A cualquier cuestión planteada a los órganos de gobierno en el seno del Pleno se le llama:

a) Voto particular.
b) Pregunta.

c) Ruego.
d) Moción.

53. En las Asambleas Vecinales de una Entidad de ámbito territorial inferior al municipal, los acuerdos se adoptan por:

a) El Alcalde Pedáneo.
b) Mayoría simple.
c) Mayoría absoluta.
d) Unanimidad.

54. Las sesiones extraordinarias de la Junta de Gobierno Local se celebran como mínimo cada:

a) Mes.
b) Quince días.
c) Dos meses.
d) No tienen un mínimo preestablecido.

55. El día y hora de celebración de las sesiones ordinarias de la Junta de Gobierno Local los fija el/la:

a) Reglamento Orgánico.
b) Pleno.
c) Presidente.
d) Ley.

56. Entre la convocatoria y la celebración de la sesión ordinaria de esta Junta de Gobierno Local deben transcurrir:

a) No menos de veinticuatro horas.
b) Setenta y dos horas.
c) Dos días hábiles.
d) Dos días naturales.

57. Las sesiones de la Junta de Gobierno Local son:

a) Públicas.
b) No públicas siempre.
c) A puerta cerrada, salvo votación por mayoría absoluta.
d) Solo deliberantes.

58. Si no hay quórum en primera convocatoria se celebra la reunión de la Junta de Gobierno Local:

a) Una hora después.
b) A los dos días.

c) A la media hora.
d) El día siguiente.

59. Las conclusiones de la Junta de Gobierno Local en reuniones deliberantes se denominan:

a) Dictámenes.
b) Acuerdos.
c) Resoluciones.
d) Instrucciones.

60. Cuando asiste al Presidente, la Junta de Gobierno Local:

a) Adopta acuerdos.
b) Emana dictámenes.
c) Realiza votaciones formales.
d) Expide Decretos.

Solución al test n.º 4

1. b) Todos los días hábiles.

2. d) Las respuestas a) y c) son correctas.

3. d) Se concederá un plazo de diez días para su subsanación.

4. c) Un procedimiento que tiene por objeto la formación y declaración de voluntad del órgano colegiado.

5. d) Ordinarias, extraordinarias y extraordinarias urgentes.

6. c) Las sesiones extraordinarias no están sujetas a periodicidad.

7. c) Quedará automáticamente convocado para el décimo día hábil siguiente al de la finalización de dicho plazo, a las doce horas.

8. a) La constancia de las tasas que procedan.

9. b) Siempre.

10. a) En los casos de fuerza mayor.

11. c) Que se conceda un turno por alusiones, que será breve y conciso.

12. c) Es la propuesta que se somete directamente a conocimiento del Pleno, sobre un asunto no comprendido en el Orden del Día y que no tiene cabida en el punto de ruegos y preguntas.

13. d) Nominal, secreta y ordinaria.

14. b) Solo podrá utilizarse para elección o destitución de personas.

15. a) La concertación de las operaciones de crédito.

16. b) La alteración del nombre y de la capitalidad del municipio.

17. c) Mayoría absoluta.

18. d) Se hará constar expresamente esta circunstancia y se considerarán dictadas por la Autoridad que la haya conferido.

19. b) Edad de los miembros asistentes.

20. d) Se expedirán siempre por el Secretario, salvo precepto expreso que disponga otra cosa.

21. a) Presidente.

22. b) Solo los hábiles.

23. d) En ningún caso.

24. a) Certificaciones.

25. b) El Secretario.

26. c) Encargado del Registro.

27. d) Pleno en sesión extraordinaria.

28. c) Una cuarta parte de este último número.

29. c) Quince días hábiles.

30. c) Dos días hábiles antes.

31. d) Nada de lo anterior es cierto.

32. c) Las extraordinarias.

33. d) Las extraordinarias urgentes.

34. a) Se adjunta a la convocatoria.

35. c) Los Portavoces de los Grupos Políticos.

36. b) Si no se ha dictaminado previamente por la Comisión pertinente.

37. b) Ordinarias.

38. c) Mayoría absoluta del número legal de miembros.

39. c) Nulo.

40. d) Cuando sea lengua oficial.

41. d) Que se acuerde por mayoría absoluta de estos.

42. a) Resolución de la Presidencia.

43. b) La regla general.

44. a) Un tercio del número legal de miembros.

45. d) Entiende automáticamente convocada, a la misma hora, dos días después.

46. a) Levanta la misma.

47. c) Ocho días.

48. c) Multa.

49. c) Cuando se vote.

50. c) Las señala discrecionalmente el Presidente de la sesión.

51. c) Voto particular.

52. b) Pregunta.

53. b) Mayoría simple.

54. d) No tienen un mínimo preestablecido.

55. c) Presidente.

56. a) No menos de veinticuatro horas.

57. b) No públicas siempre.

58. a) Una hora después.

59. a) Dictámenes.

60. b) Emana dictámenes.

El acto administrativo: concepto, clases y elementos. Requisitos de los actos administrativos: motivación, notificación y publicación. Eficacia y validez de los actos administrativos

1. Los actos deben motivarse:

a) Siempre.
b) Nunca.
c) Cuando decidan un procedimiento.
d) Cuando la ley lo prescriba.

2. No tienen por qué motivarse los actos que:

a) Resuelvan recursos.
b) Limiten derechos subjetivos.
c) Se separen del dictamen de órganos consultivos.
d) Todos los anteriores deben motivarse.

3. En la notificación de todo acto administrativo no es necesario que conste siempre:

a) Su texto íntegro.
b) Los recursos que contra el mismo procedan.
c) Los motivos en que se basa la decisión.
d) El plazo de interposición de los recursos.

4. ¿En qué supuestos la notificación se hará por medio de un anuncio publicado en el Boletín Oficial del Estado?

a) Cuando se ignore el lugar de la notificación.
b) Cuando los interesados en un procedimiento sean conocidos.
c) Cuando intentada la notificación, no se hubiera podido practicar.
d) Las respuestas a) y c) son correctas.

5. Para que un acto tenga eficacia retroactiva es necesario que:

a) Limite derechos de los particulares.
b) Restrinja el ejercicio de facultades de los particulares.
c) Imponga deberes u obligaciones.
d) No se lesionen derechos de otras personas.

6. La presunción de legitimidad de los actos administrativos:

a) No admite prueba en contrario.
b) Dependerá de lo que el propio acto establezca.
c) Puede ser objeto de impugnación por el particular.
d) Solo se da cuando la ley expresamente lo diga.

7. Cuando la notificación se practique en el domicilio del interesado, de no hallarse presente, podrá hacerse cargo de la misma cualquier persona que se encuentre en el domicilio, haga constar su identidad y sea:

a) Mayor de catorce años.
b) Mayor de dieciséis años.
c) Mayor de dieciocho años.
d) Mayor de veintiún años.

8. Cuando el Delegado Provincial de una Consejería de una Comunidad Autónoma de una Provincia concreta resuelve un recurso administrativo en materia propia de la Delegación Provincial de otra Consejería de distinta Provincia, incurre en una incompetencia:

a) Funcional y jerárquica.
b) Territorial y jerárquica.
c) Funcional y territorial.
d) Territorial exclusivamente.

9. Cuando el acto administrativo presenta un vicio que no le hace incurrir en nulidad absoluta ni en anulabilidad, se considera:

a) Irregular.
b) Defectuoso.
c) Inválido.
d) Viciado.

10. Cuando la notificación por medios electrónicos sea de carácter obligatorio, se entenderá rechazada cuando:

a) Hayan transcurrido veinte días naturales desde la puesta a disposición de la notificación sin que se acceda a su contenido.
b) Hayan transcurrido diez días naturales desde la puesta a disposición de la notificación sin que se acceda a su contenido.

c) Hayan transcurrido diez días hábiles desde la puesta a disposición de la notificación sin que se acceda a su contenido.

d) Hayan transcurrido veinte días hábiles desde la puesta a disposición de la notificación sin que se acceda a su contenido.

11. Señala la respuesta incorrecta. Los actos administrativos serán objeto de publicación:

a) Cuando así lo establezcan las normas reguladoras de cada procedimiento.

b) Cuando lo aconsejen razones de interés público apreciadas por el órgano competente.

c) Cuando el acto tenga por destinatario a una pluralidad indeterminada de personas.

d) Siempre.

12. La notificación de un acto administrativo:

a) Suspende su eficacia hasta que se efectúe tratándose de actos generales.

b) No impide su ejecutividad una vez efectuada.

c) Suspende su eficacia una vez realizada.

d) Ha de hacerse con todo tipo de actos.

13. Los supuestos de nulidad absoluta de actos administrativos:

a) Son la regla general en nuestro Derecho.

b) Son los recogidos en el artículo 47 de la Ley 39/2015, de 1 de octubre, del Procedimiento Administrativo Común de las Administraciones Públicas, exclusivamente.

c) Pueden establecerse expresamente por una disposición con rango de ley.

d) Son solo los del artículo 47 citado y de otras leyes formales.

14. Los defectos formales en un acto, según reconoce expresamente la ley:

a) Lo vician con nulidad absoluta.

b) Lo vician con anulabilidad en todo caso.

c) Pueden dar lugar a la nulidad absoluta si producen indefensión.

d) Pueden dar lugar a la anulabilidad si producen indefensión.

15. La Administración Pública podrá convalidar un acto:

a) Si el vicio consiste en incompetencia jerárquica.

b) Si el vicio consiste en incompetencia funcional.

c) Si el vicio consiste en incompetencia territorial.

d) En ninguno de los anteriores casos.

16. La Administración Pública no podrá convalidar un acto si el vicio consiste en:

a) Incompetencia jerárquica.

b) La falta de una autorización.

c) Incompetencia funcional.

d) La omisión de un informe facultativo.

17. Señala la respuesta incorrecta. La eficacia del acto administrativo puede cesar definitivamente por:

a) El incumplimiento de la condición resolutoria a que pudiera estar sujeto.
b) El transcurso del plazo señalado en el acto, si estaba limitado en el tiempo.
c) La anulación o revocación del propio acto.
d) La desaparición de los presupuestos de hecho que motivaron que se dictase.

18. El procedimiento, que es la vía a través de la cual se elabora la declaración de voluntad, deseo, conocimiento o juicio de la Administración, en que consiste el acto, es un elemento del acto administrativo de tipo:

a) Objetivo.
b) Subjetivo.
c) Formal.
d) Accidental.

19. Serán motivados, con sucinta referencia de hechos y fundamentos de Derecho:

a) Los actos que se separen del criterio seguido en actuaciones precedentes o del dictamen de órganos consultivos.
b) Los actos que limiten derechos subjetivos o intereses legítimos.
c) Los actos que resuelvan procedimientos de revisión de oficio de disposiciones o actos administrativos, recursos administrativos y procedimientos de arbitraje y los que declaren su inadmisión.
d) Todas las respuestas son correctas.

20. Según pongan fin al expediente administrativo o formen parte del mismo, como una fase del mismo, sin tener carácter resolutivo, los actos administrativos se clasifican en:

a) Actos definitivos y actos de trámite.
b) Actos propios y actos impropios.
c) Actos básicos y actos de trámite.
d) Actos únicos y actos múltiples.

21. Según que la Administración, al dictarlos, se limite a aplicar una norma que le señala claramente la decisión a adoptar en el supuesto del hecho de que se trate, o tenga libertad en la emisión de dicho acto, pudiendo optar entre diversas alternativas que la ley le ofrece, pero sin olvidar que el fin de toda su actuación es el interés general, los actos administrativos se clasifican en:

a) Actos únicos y actos múltiples.
b) Actos de trámite y actos complejos.
c) Actos directos y actos indirectos
d) Actos reglados y actos discrecionales.

Solución al test n.º 5

1. d) Cuando la ley lo prescriba.

2. d) Todos los anteriores deben motivarse.

3. c) Los motivos en que se basa la decisión.

4. d) Las respuestas a) y c) son correctas.

5. d) No se lesionen derechos de otras personas.

6. c) Puede ser objeto de impugnación por el particular.

7. a) Mayor de catorce años.

8. c) Funcional y territorial.

9. a) Irregular.

10. b) Hayan transcurrido diez días naturales desde la puesta a disposición de la notificación sin que se acceda a su contenido.

11. d) Siempre.

12. b) No impide su ejecutividad una vez efectuada.

13. c) Pueden establecerse expresamente por una disposición con rango de ley.

14. d) Pueden dar lugar a la anulabilidad si producen indefensión.

15. a) Si el vicio consiste en incompetencia jerárquica.

16. c) Incompetencia funcional.

17. a) El incumplimiento de la condición resolutoria a que pudiera estar sujeto.

18. c) Formal.

19. d) Todas las respuestas son correctas.

20. a) Actos definitivos y actos de trámite.

21. d) Actos reglados y actos discrecionales.

Disposiciones generales sobre los procedimientos administrativos y normas reguladoras de los distintos procedimientos. La iniciación del procedimiento: clases, subsanación y mejora de solicitudes. Presentación de solicitudes, escritos y comunicaciones. Los registros administrativos

1. ¿Qué recurso cabe contra el acuerdo de acumulación?

a) Ninguno.
b) Recurso de alzada.
c) Recurso de reposición.
d) Recurso extraordinario de revisión.

2. ¿En qué supuesto excepcional se podrá imponer una sanción sin que se haya tramitado el oportuno procedimiento?

a) En casos de urgencia.
b) En aquellos supuestos donde no dé lugar a dudas la imposición de la sanción.
c) Únicamente en aquellos supuestos donde una norma con rango de ley así lo determine.
d) En ningún caso.

3. ¿Cómo se denominan los procedimientos que tienden a la realización material de una decisión anterior ya definitiva, como, por ejemplo, el procedimiento de apremio?

a) Procedimientos ejecutivos.
b) Procedimientos declarativos.
c) Procedimientos de simple gestión.
d) Procedimientos de materialización o sustanciación.

4. ¿Cuándo podrán los administrados conocer el estado de la tramitación de los procedimientos en los que tengan la condición de interesados?

a) Solo en la fase de instrucción.
b) Únicamente en la fase de alegaciones.

c) Tan solo en la fase de prueba.

d) En cualquier momento.

5. ¿Cuándo se iniciarán de oficio los procedimientos?

a) Por denuncia.

b) Por acuerdo del órgano competente.

c) Por propia iniciativa.

d) Todas las respuestas son correctas.

6. Los interesados solo podrán solicitar el inicio de un procedimiento de responsabilidad patrimonial, cuando no haya prescrito su derecho a reclamar. El derecho a reclamar prescribirá:

a) Al año de producido el hecho o el acto que motive la indemnización o se manifieste su efecto lesivo.

b) A los dos años de producido el hecho o el acto que motive la indemnización o se manifieste su efecto lesivo.

c) A los cinco años de producido el hecho o el acto que motive la indemnización o se manifieste su efecto lesivo.

d) Este derecho no prescribe.

7. ¿Cómo se denomina el conjunto ordenado de documentos y actuaciones que sirven de antecedente y fundamento a la resolución administrativa, así como las diligencias encaminadas a ejecutarla?

a) Dosier administrativo.

b) Acto administrativo.

c) Expediente administrativo.

d) Procedimiento administrativo.

8. En los casos previstos en el art. 56 de la LPACAP, no podrá adoptarse una de las siguientes medidas provisionales. Indica cuál de ellas:

a) Prestación de fianzas.

b) La retención de ingresos a cuenta que deban abonar las Administraciones Públicas.

c) El depósito, retención o inmovilización de cosa mueble.

d) Suspensión definitiva de actividades.

9. Los procedimientos administrativos, que no tengan naturaleza sancionadora, se podrán iniciar:

a) Por acuerdo del órgano competente o a petición razonada de otros órganos.

b) Por acuerdo del órgano competente, bien por propia iniciativa o como consecuencia de orden superior, a petición razonada de otros órganos o por denuncia.

c) Por denuncia solamente.
d) De oficio siempre.

10. Los documentos que los interesados dirijan a los órganos de las Administraciones Públicas podrán presentarse:

a) En las oficinas de Correos, en la forma que reglamentariamente se establezca.
b) En las representaciones diplomáticas u oficinas consulares de España en el extranjero.
c) En las oficinas de asistencia en materia de registros.
d) Todas las respuestas son correctas.

11. Señala la respuesta incorrecta respecto al inicio del procedimiento por denuncia:

a) Las denuncias deberán expresar la identidad de la persona o personas que las presentan y el relato de los hechos que se ponen en conocimiento de la Administración.
b) La presentación de una denuncia confiere, por sí sola, la condición de interesado en el procedimiento.
c) Cuando la denuncia invocara un perjuicio en el patrimonio de las Administraciones Públicas la no iniciación del procedimiento deberá ser motivada y se notificará a los denunciantes la decisión de si se ha iniciado o no el procedimiento.
d) Se entiende por denuncia el acto por el que cualquier persona, en cumplimiento o no de una obligación legal, pone en conocimiento de un órgano administrativo la existencia de un determinado hecho que pudiera justificar la iniciación de oficio de un procedimiento administrativo.

12. ¿En qué casos se podrá imponer una sanción sin que se haya tramitado el oportuno procedimiento?

a) En casos de urgente necesidad.
b) En situaciones excepcionales, como por ejemplo, situaciones de crisis sanitarias o epidemias.
c) Las respuestas a) y b) son correctas.
d) En ningún caso.

13. ¿Cuál de los siguientes datos no es necesario que figure en las solicitudes de iniciación del procedimiento por parte de los interesados?

a) Número de teléfono.
b) Hechos, razones y petición en que se concrete, con toda claridad, la solicitud.
c) Órgano, centro o unidad administrativa a la que se dirige y su correspondiente código de identificación.
d) Firma del solicitante o acreditación de la autenticidad de su voluntad expresada por cualquier medio.

14. Los documentos que los interesados dirijan a los órganos de las Administraciones Públicas podrán presentarse:

a) En las oficinas de Correos, en la forma que reglamentariamente se establezca.

b) En el registro electrónico de la Administración u Organismo al que se dirijan.

c) En las representaciones diplomáticas u oficinas consulares de España en el extranjero.

d) Todas las respuestas son correctas.

Solución al test n.º 6

1. a) Ninguno.

2. d) En ningún caso.

3. a) Procedimientos ejecutivos.

4. d) En cualquier momento.

5. d) Todas las respuestas son correctas.

6. a) Al año de producido el hecho o el acto que motive la indemnización o se manifieste su efecto lesivo.

7. c) Expediente administrativo.

8. d) Suspensión definitiva de actividades.

9. b) Por acuerdo del órgano competente, bien por propia iniciativa o como consecuencia de orden superior, a petición razonada de otros órganos o por denuncia.

10. d) Todas las respuestas son correctas.

11. b) La presentación de una denuncia confiere, por sí sola, la condición de interesado en el procedimiento.

12. d) En ningún caso.

13. a) Número de teléfono.

14. d) Todas las respuestas son correctas.

TEST N.º 7

Términos y plazos del procedimiento administrativo: cómputo, ampliación y tramitación de urgencia. Ordenación. Instrucción: intervención de los interesados, prueba e informes. Singularidades del procedimiento de las Entidades Locales

1. ¿Qué recurso cabe contra el acuerdo que resuelva sobre la ampliación de plazos?

a) Recurso de alzada.
b) Recurso extraordinario de revisión.
c) Recurso de reposición, en el plazo de un mes.
d) Ningún recurso.

2. Señala la respuesta correcta respecto al cómputo de plazos:

a) Salvo que por ley o en el Derecho de la Unión Europea se disponga otro cómputo, cuando los plazos se señalen por horas, se entiende que estas son naturales.
b) Siempre que por ley o en el Derecho de la Unión Europea no se exprese otro cómputo, cuando los plazos se señalen por días, se entiende que estos son naturales, incluyéndose en el cómputo los sábados, los domingos y los declarados festivos.
c) Los plazos expresados en días se contarán desde el mismo día en que tenga lugar la notificación o publicación del acto de que se trate, o desde el siguiente a aquel en que se produzca la estimación o la desestimación por silencio administrativo.
d) Cuando un día fuese hábil en el municipio o Comunidad Autónoma en que residiese el interesado, e inhábil en la sede del órgano administrativo, o a la inversa, se considerará inhábil en todo caso.

3. Señala la respuesta incorrecta respecto al cómputo de los plazos:

a) Cuando los plazos se hayan señalado por días naturales por declararlo así una ley o por el Derecho de la Unión Europea, se hará constar esta circunstancia en las correspondientes notificaciones.
b) Cuando el último día del plazo sea inhábil, se entenderá prorrogado al primer día hábil siguiente.

c) Los plazos expresados por horas se contarán de hora en hora y de minuto en minuto desde la hora y minuto en que tenga lugar la notificación o publicación del acto de que se trate y no podrán tener una duración superior a veinticuatro horas, en cuyo caso se expresarán en días.

d) La declaración de un día como hábil o inhábil a efectos de cómputo de plazos determina por sí sola el funcionamiento de los centros de trabajo de las Administraciones Públicas, la organización del tiempo de trabajo así como el régimen de jornada y horarios de las mismas.

4. El registro electrónico permite la presentación de documentos:

a) De lunes a viernes de 8 a 15 horas.
b) De lunes a viernes de 8 a 21 horas.
c) Todos los días del año de 8 a 21 horas.
d) Todos los días del año durante las veinticuatro horas.

5. ¿En qué caso podrá ser objeto de ampliación un plazo ya vencido?

a) En los procedimientos tramitados por las misiones diplomáticas y oficinas consulares.
b) En aquellos que, sustanciándose en el interior, exijan cumplimentar algún trámite en el extranjero o en los que intervengan interesados residentes fuera de España.
c) Siempre que así lo considere oportuno, y lo fundamente, el Instructor del procedimiento.
d) En ningún caso.

6. Cuando razones de interés público lo aconsejen, se podrá acordar, de oficio o a petición del interesado, la aplicación al procedimiento de la tramitación de urgencia, por la cual se reducirán a la mitad los plazos establecidos para el procedimiento ordinario, salvo:

a) Los relativos a la presentación de solicitudes.
b) Los relativos a la presentación de recursos.
c) Las respuestas a) y b) son correctas.
d) Ninguna respuesta es correcta.

7. Salvo en el caso de que en la norma correspondiente se fije plazo distinto, los trámites que deban ser cumplimentados por los interesados deberán realizarse:

a) En el plazo de un mes a partir del siguiente al de la notificación del correspondiente acto.
b) En el plazo de veinte días a partir del siguiente al de la notificación del correspondiente acto.
c) En el plazo de quince días a partir del siguiente al de la notificación del correspondiente acto.
d) En el plazo de diez días a partir del siguiente al de la notificación del correspondiente acto.

8. Señala la respuesta correcta respecto a la emisión de informes:

a) Salvo disposición expresa en contrario, los informes serán facultativos y vinculantes.

b) Los informes serán emitidos a través de medios electrónicos en el plazo de quince días, salvo que una disposición o el cumplimiento del resto de los plazos del procedimiento permita o exija otro plazo mayor o menor.

c) El informe emitido fuera de plazo podrá no ser tenido en cuenta al adoptar la correspondiente resolución.

d) Cuando se soliciten informes preceptivos a un órgano de la misma o distinta Administración, por el tiempo que medie entre la petición, que deberá comunicarse a los interesados, y la recepción del informe, que igualmente deberá ser comunicada a los mismos. Este plazo de suspensión no podrá exceder en ningún caso de un mes.

9. ¿De qué plazo disponen los interesados durante el trámite de audiencia para alegar y presentar los documentos y justificaciones que estimen pertinentes?

a) No inferior a quince ni superior a un mes.

b) No inferior a diez días ni superior a quince.

c) Quince días.

d) Siete días hábiles.

10. Señala la respuesta incorrecta respecto a la información pública:

a) La incomparecencia en este trámite podrá impedir a los interesados interponer los recursos procedentes contra la resolución definitiva del procedimiento.

b) El órgano al que corresponda la resolución del procedimiento, cuando la naturaleza de este lo requiera, podrá acordar un período de información pública.

c) La comparecencia en el trámite de información pública no otorga, por sí misma, la condición de interesado.

d) Quienes presenten alegaciones u observaciones en este trámite tienen derecho a obtener de la Administración una respuesta razonada, que podrá ser común para todas aquellas alegaciones que planteen cuestiones sustancialmente iguales.

11. ¿En virtud de qué principio se acordarán en un solo acto todos los trámites que, por su naturaleza, admitan un impulso simultáneo y no sea obligado su cumplimiento sucesivo?

a) Del principio de celeridad.

b) Del principio de agilidad administrativa.

c) Del principio de simplificación administrativa.

d) Del principio de eficiencia.

12. ¿De acuerdo con qué principio se acordarán en un solo acto todos los trámites que, por su naturaleza, admitan un impulso simultáneo y no sea obligado su cumplimiento sucesivo?

a) Con el principio de oficialidad.
b) Con el principio de eficacia.
c) Con el principio de simplificación administrativa.
d) Con el principio de eficacia.

13. Salvo en el caso de que en la norma correspondiente se fije plazo distinto, los trámites que deban ser cumplimentados por los interesados deberán realizarse en el plazo de:

a) Siete días a partir del siguiente al de la notificación del correspondiente acto.
b) Diez días a partir del siguiente al de la notificación del correspondiente acto.
c) Quince días a partir del siguiente al de la notificación del correspondiente acto.
d) Un mes a partir del siguiente al de la notificación del correspondiente acto.

14. En cualquier momento del procedimiento, cuando la Administración considere que alguno de los actos de los interesados no reúne los requisitos necesarios, lo pondrá en conocimiento de su autor, concediéndole un plazo para cumplimentarlo:

a) De cinco días.
b) De siete días.
c) De diez días.
d) De veinte días.

15. Cuando la Administración no tenga por ciertos los hechos alegados por los interesados o la naturaleza del procedimiento lo exija, el instructor del mismo acordará la apertura de un período de prueba, a fin de que puedan practicarse cuantas juzgue pertinentes, por un plazo:

a) No superior a treinta días ni inferior a diez.
b) No superior a treinta días ni inferior a quince.
c) No superior a veinte días ni inferior a diez.
d) No superior a veinte días ni inferior a cinco.

16. Salvo disposición expresa en contrario, los informes serán:

a) Vinculantes.
b) Vinculantes y facultativos.
c) Facultativos y no vinculantes.
d) Nunca facultativos.

17. En el caso de los procedimientos de responsabilidad patrimonial será preceptivo solicitar informe al servicio cuyo funcionamiento haya ocasionado la presunta lesión indemnizable, no pudiendo exceder el plazo de su emisión de:

a) Diez días.
b) Quince días.
c) Veinte días.
d) Un mes.

18. Con arreglo al artículo 74 LPACAP, las cuestiones incidentales que se susciten en el procedimiento, incluso las que se refieran a la nulidad de actuaciones:

a) Suspenderán la tramitación del procedimiento.
b) No suspenderán la tramitación del procedimiento, salvo la recusación.
c) No suspenderán la tramitación del procedimiento en ningún caso.
d) Siempre que lo estime oportuno el instructor del procedimiento, y así lo motive suficientemente, suspenderá la tramitación del procedimiento.

19. ¿Cuándo podrán los interesados aducir alegaciones y aportar documentos u otros elementos de juicio?

a) En cualquier momento.
b) En cualquier momento del procedimiento posterior al trámite de audiencia.
c) En cualquier momento del procedimiento anterior al trámite de audiencia.
d) Únicamente cuando lo autorice el instructor del procedimiento.

20. Señala la respuesta incorrecta respecto a los medios y período de prueba:

a) El instructor del procedimiento solo podrá rechazar las pruebas propuestas por los interesados cuando sean manifiestamente improcedentes o innecesarias, sin necesidad de resolución motivada.
b) En los procedimientos de carácter sancionador, los hechos declarados probados por resoluciones judiciales penales firmes vincularán a las Administraciones Públicas respecto de los procedimientos sancionadores que substancien.
c) Cuando la prueba consista en la emisión de un informe de un órgano administrativo, organismo público o Entidad de derecho público, se entenderá que este tiene carácter preceptivo.
d) Cuando la valoración de las pruebas practicadas pueda constituir el fundamento básico de la decisión que se adopte en el procedimiento, por ser pieza imprescindible para la correcta evaluación de los hechos, deberá incluirse en la propuesta de resolución.

21. Cuando lo considere necesario, el instructor, a petición de los interesados, podrá decidir la apertura de un período extraordinario de prueba por un plazo:

a) No superior a diez días.
b) No superior a quince días.
c) No superior a veinte días.
d) No superior a un mes.

22. Salvo que una disposición o el cumplimiento del resto de los plazos del procedimiento permita o exija otro plazo mayor o menor, los informes serán emitidos en el plazo de:

a) Diez días.
b) Quince días.
c) Veinte días.
d) Un mes.

23. ¿De qué plazo disponen los interesados para alegar y presentar los documentos y justificaciones que estimen pertinentes?

a) De un plazo no inferior a cinco días ni superior a diez.
b) De un plazo no inferior a diez días ni superior a quince.
c) De un plazo no inferior a diez días ni superior a veinte.
d) De un plazo no inferior a diez días ni superior a un mes.

24. El órgano al que corresponda la resolución del procedimiento, cuando la naturaleza de este lo requiera, podrá acordar un período de información pública. A tal efecto, se publicará un anuncio en el Diario oficial correspondiente a fin de que cualquier persona física o jurídica pueda examinar el expediente, o la parte del mismo que se acuerde. El anuncio determinará el plazo para formular alegaciones, que en ningún caso podrá ser inferior a:

a) Un mes.
b) Veinte días.
c) Diez días.
d) Una semana.

25. ¿Suspenderá la tramitación del procedimiento las cuestiones incidentales que se susciten en el mismo?

a) No.
b) Sí.
c) No, salvo las que se refieran a la nulidad de actuaciones.
d) No, incluso las relativas a la recusación no se suspenderán.

26. Son principios que rigen en el procedimiento local los de:

a) Economía y coordinación.
b) Celeridad y eficacia.
c) Cronología y economía.
d) Todos los anteriores.

27. La no resolución de un expediente por presuntas lagunas legales:

a) Está prohibida.
b) Se permite.
c) Supone la remisión del mismo a la Asesoría Jurídica.
d) Es la regla general.

28. Las alegaciones en el procedimiento local se pueden efectuar hasta el/la:

a) Informe de la Asesoría o del órgano consultivo.
b) Dictamen de la Comisión Informativa.
c) Audiencia del interesado.
d) Resolución del expediente.

29. Cuando la Administración tenga conocimiento de que hay terceros interesados en un procedimiento que no han intervenido en el mismo:

a) Se abrirá un período de información pública.
b) Los requerirá para que en diez días aleguen lo que estimen oportuno.
c) Se les notificará el acuerdo que recaiga.
d) Se sigue el procedimiento sin ser necesario oírles.

30. En un informe se inserta en primer lugar la/los/las:

a) Propuesta de resolución.
b) Hechos, en forma concisa.
c) Pronunciamientos de la parte dispositiva.
d) Disposiciones legales aplicables.

31. La antelación con que debe recabarse el informe del Secretario General por el Presidente de la Corporación es de:

a) Una semana.
b) Dos días hábiles.
c) Ocho días hábiles.
d) No se establece tiempo alguno.

32. Para que el Secretario General del Pleno de la Corporación deba emitir informe sobre una cuestión determinada basta con que se lo pida el/un:

a) Concejal o Delegado Provincial.
b) Portavoz de un Grupo Político.
c) Grupo político.
d) Tercio de los miembros de la Corporación.

33. La información pública en la esfera local es:

a) Facultativa.
b) Preceptiva.
c) Vinculante.
d) Nada de lo anterior.

34. Cuando se concluye un expediente se remite al/a la:

a) Secretaría General.
b) Presidencia.
c) Jefatura de Departamento o Servicio.
d) Órgano que haya de decidir.

35. Los expedientes se deben remitir a la Secretaría General para la adopción de resolución por un órgano colegiado:

a) Dos días antes de esta.
b) Tres días antes.
c) Con veinticuatro horas de antelación.
d) Una semana antes de ella.

36. La terminación convencional, en el ámbito local:

a) No se admite en caso alguno.
b) Se rige por el régimen general.
c) Solo es posible en materia de expropiación forzosa.
d) Es la forma normal de terminar un procedimiento.

37. La regla general de constancia de las notificaciones y comunicaciones es:

a) Por escrito.
b) Orales.
c) Por comparecencia.
d) Por diligencia.

38. Un oficio remitido por un Ayuntamiento al Delegado de Hacienda lo firma:

a) El Jefe del Servicio de Hacienda Municipal.
b) El Secretario General.
c) El Concejal Delegado correspondiente.
d) Ninguno de los anteriores.

39. Los informes para resolver los expedientes se redactarán en forma de propuesta de resolución y contendrán los extremos siguientes:

a) Disposiciones legales aplicables y alegación razonada de la doctrina.
b) Pronunciamientos que haya de contener la parte dispositiva.
c) Enumeración clara y sucinta de los hechos.
d) Todas las respuestas son correctas.

40. Las providencias de trámite y los actos o acuerdos que pongan término a un expediente serán notificados en:

a) Los diez días siguientes al de su fecha.
b) Los quince días siguientes al de su fecha.
c) Los veinte días siguientes al de su fecha.
d) Los treinta días siguientes al de su fecha.

41. ¿A quién compete publicar, ejecutar y hacer cumplir los acuerdos del Ayuntamiento?

a) Al Pleno.
b) Al Secretario.
c) Al Alcalde.
d) A la Junta de Gobierno Local.

Solución al test n.º 7

1. d) Ningún recurso.

2. d) Cuando un día fuese hábil en el municipio o Comunidad Autónoma en que residiese el interesado, e inhábil en la sede del órgano administrativo, o a la inversa, se considerará inhábil en todo caso.

3. d) La declaración de un día como hábil o inhábil a efectos de cómputo de plazos determina por sí sola el funcionamiento de los centros de trabajo de las Administraciones Públicas, la organización del tiempo de trabajo así como el régimen de jornada y horarios de las mismas.

4. d) Todos los días del año durante las veinticuatro horas.

5. d) En ningún caso.

6. c) Las respuestas a) y b) son correctas.

7. d) En el plazo de diez días a partir del siguiente al de la notificación del correspondiente acto.

8. c) El informe emitido fuera de plazo podrá no ser tenido en cuenta al adoptar la correspondiente resolución.

9. b) No inferior a diez días ni superior a quince.

10. a) La incomparecencia en este trámite podrá impedir a los interesados interponer los recursos procedentes contra la resolución definitiva del procedimiento.

11. c) Del principio de simplificación administrativa.

12. c) Con el principio de simplificación administrativa.

13. b) Diez días a partir del siguiente al de la notificación del correspondiente acto.

14. c) De diez días.

15. a) No superior a treinta días ni inferior a diez.

16. c) Facultativos y no vinculantes.

17. a) Diez días.

18. b) No suspenderán la tramitación del procedimiento, salvo la recusación.

19. c) En cualquier momento del procedimiento anterior al trámite de audiencia.

20. a) El instructor del procedimiento solo podrá rechazar las pruebas propuestas por los interesados cuando sean manifiestamente improcedentes o innecesarias, sin necesidad de resolución motivada.

21. a) No superior a diez días.

22. a) Diez días.

23. b) De un plazo no inferior a diez días ni superior a quince.

24. b) Veinte días.

25. a) No.

26. a) Economía y coordinación.

27. a) Está prohibida.

28. d) Resolución del expediente.

29. b) Los requerirá para que en diez días aleguen lo que estimen oportuno.

30. b) Hechos, en forma concisa.

31. d) No se establece tiempo alguno.

32. d) Tercio de los miembros de la Corporación.

33. a) Facultativa.

34. a) Secretaría General.

35. b) Tres días antes.

36. b) Se rige por el régimen general.

37. a) Por escrito.

38. d) Ninguno de los anteriores.

39. d) Todas las respuestas son correctas.

40. a) Los diez días siguientes al de su fecha.

41. c) Al Alcalde.

TEST N.º 8

Terminación del procedimiento. La obligación de resolver. Contenido de la resolución expresa: principios de congruencia y de no agravación de la situación inicial. La terminación convencional. La falta de resolución expresa: el régimen del silencio administrativo. El desistimiento y la renuncia. La caducidad

1. A tenor del art. 84 de la Ley 39/2015, de 1 de octubre, del Procedimiento Administrativo Común de las Administraciones Públicas, pondrán fin al procedimiento:

a) El desistimiento.
b) La renuncia al derecho en que se funde la solicitud.
c) La declaración de caducidad.
d) Todas las respuestas son correctas.

2. ¿Cuál es la forma especial de terminación del procedimiento administrativo?

a) La resolución.
b) La declaración de caducidad.
c) La terminación convencional.
d) El desistimiento.

3. El acuerdo de realización de actuaciones complementarias se notificará a los interesados, concediéndoseles un plazo para formular las alegaciones que tengan por pertinentes tras la finalización de las mismas, de:

a) Siete días.
b) Diez días.
c) Quince días.
d) Un mes.

4. En los procedimientos iniciados a solicitud del interesado, cuando se produz-ca su paralización por causa imputable al mismo, la Administración le advertirá de que se producirá la caducidad del procedimiento, transcurrido/s:

a) Quince días.
b) Veinte días.
c) Un mes.
d) Tres meses.

5. Señala la respuesta incorrecta respecto a la caducidad:

a) La caducidad no producirá por sí sola la prescripción de las acciones del particular o de la Administración, pero los procedimientos caducados interrumpirán el plazo de prescripción.
b) No podrá acordarse la caducidad por la simple inactividad del interesado en la cum-plimentación de trámites, siempre que no sean indispensables para dictar resolución.
c) Podrá no ser aplicable la caducidad en el supuesto de que la cuestión suscitada afecte al interés general, o fuera conveniente sustanciarla para su definición y esclarecimiento.
d) En los casos en los que sea posible la iniciación de un nuevo procedimiento por no haberse producido la prescripción, podrán incorporarse a éste los actos y trámites cuyo contenido se hubiera mantenido igual de no haberse producido la caducidad.

6. El plazo máximo en el que debe notificarse la resolución expresa será el fijado por la norma reguladora del correspondiente procedimiento. Este plazo, salvo que una norma con rango de ley establezca uno mayor o así venga previsto en el Dere-cho de la Unión Europea, no podrá exceder de:

a) Veinte días.
b) Un mes.
c) Tres meses.
d) Seis meses.

7. Indica cuál de las siguientes no es una de las formas anormales de terminación del procedimiento administrativo:

a) La declaración de caducidad.
b) El desistimiento.
c) La renuncia al derecho en que se funde la solicitud.
d) La resolución.

8. Las actuaciones complementarias deberán practicarse en un plazo no superior a:

a) Diez días.
b) Quince días.
c) Veinte días.
d) Un mes.

9. Cuando la sanción tenga únicamente carácter pecuniario, el órgano competente para resolver el procedimiento aplicará reducciones sobre el importe de la sanción propuesta de, al menos:

a) El 10 %.
b) El 15 %.
c) El 20 %.
d) El 30 %.

10. A tenor del art. 94 del Texto Refundido de la Ley sobre Tráfico, Circulación de Vehículos a Motor y Seguridad Vial, una vez realizado el pago voluntario de la multa, ya sea en el acto de entrega de la denuncia o dentro del plazo de veinte días naturales contados desde el día siguiente al de su notificación, concluirá el procedimiento sancionador con una reducción del importe de la sanción:

a) Del 50 %.
b) Del 40 %.
c) Del 30 %.
d) Del 25 %.

11. ¿Cuál es la forma normal de terminación del procedimiento?

a) La terminación convencional.
b) El silencio administrativo.
c) La resolución.
d) La renuncia al derecho en que se funde la solicitud.

12. La terminación convencional es una forma de terminación del procedimiento:

a) Normal.
b) Anormal.
c) Especial.
d) Presunta.

13. Señala cuál de las siguientes es una forma de terminación anormal del procedimiento:

a) La renuncia al derecho en que se funde la solicitud.
b) La declaración de caducidad.
c) El desistimiento.
d) Todas las respuestas son correctas.

14. ¿En qué plazo deberán practicarse las actuaciones complementarias?

a) En un plazo no superior a siete días.
b) En un plazo no superior a diez días.
c) En un plazo no superior a quince días.
d) En un plazo no superior a un mes.

15. ¿Transcurrido qué plazo desde que se inició el procedimiento sin que haya recaído y se notifique resolución expresa o, en su caso, se haya formalizado el acuerdo, podrá entenderse que la resolución es contraria a la indemnización del particular?

a) Transcurrido un mes.
b) Transcurridos tres meses.
c) Transcurridos seis meses.
d) Transcurrido un año.

16. A tenor del artículo 92 LPACAP, en el ámbito de la Administración General del Estado, los procedimientos de responsabilidad patrimonial se resolverán por:

a) El Ministro respectivo.
b) El Presidente del Gobierno.
c) El Consejo de Ministros.
d) Las respuestas a) y c) son correctas.

17. Señala la respuesta incorrecta respecto al desistimiento y renuncia por los interesados:

a) Si el escrito de iniciación se hubiera formulado por dos o más interesados, el desistimiento o la renuncia afectará a todos los que la hubiesen formulado.
b) Todo interesado podrá desistir de su solicitud o, cuando ello no esté prohibido por el ordenamiento jurídico, renunciar a sus derechos.
c) Si la cuestión suscitada por la incoación del procedimiento entrañase interés general o fuera conveniente sustanciarla para su definición y esclarecimiento, la Administración podrá limitar los efectos del desistimiento o la renuncia al interesado y seguirá el procedimiento.
d) Tanto el desistimiento como la renuncia podrán hacerse por cualquier medio que permita su constancia, siempre que incorpore las firmas que correspondan de acuerdo con lo previsto en la normativa aplicable.

18. La Administración aceptará de plano el desistimiento o la renuncia, y declarará concluso el procedimiento salvo que, habiéndose personado en el mismo terceros interesados, instasen estos su continuación en el plazo de:

a) Un mes desde que fueron notificados del desistimiento o renuncia.
b) Veinte días desde que fueron notificados del desistimiento o renuncia.

c) Quince días desde que fueron notificados del desistimiento o renuncia.
d) Diez días desde que fueron notificados del desistimiento o renuncia.

19. En los procedimientos iniciados a solicitud del interesado, cuando se produz-ca su paralización por causa imputable al mismo, la Administración le advertirá que se producirá la caducidad del procedimiento, transcurrido:

a) Un mes.
b) Tres meses.
c) Seis meses.
d) Un año.

20. ¿Cuál es el plazo máximo en el que debe notificarse la resolución expresa?

a) Quince días.
b) Veinte días.
c) Un mes.
d) El fijado por la norma reguladora del correspondiente procedimiento.

21. El transcurso del plazo máximo legal para resolver un procedimiento y noti-ficar la resolución se podrá suspender:

a) Cuando deba obtenerse un pronunciamiento previo y preceptivo de un órgano de la Unión Europea, por el tiempo que medie entre la petición, que habrá de comunicarse a los interesados, y la notificación del pronunciamiento a la Administración instructora, que también deberá serles comunicada.
b) Cuando deban realizarse pruebas técnicas o análisis contradictorios o dirimentes propuestos por los interesados, durante el tiempo necesario para la incorporación de los resultados al expediente.
c) Cuando exista un procedimiento no finalizado en el ámbito de la Unión Europea que condicione directamente el contenido de la resolución de que se trate, desde que se tenga constancia de su existencia, lo que deberá ser comunicado a los interesados, hasta que se resuelva, lo que también habrá de ser notificado.
d) Todas las respuestas son correctas.

22. ¿Qué recurso cabe contra el acuerdo que resuelva sobre la ampliación de plazos?

a) Recurso de alzada.
b) Recurso extraordinario de revisión.
c) Recurso de reposición, en el plazo de un mes.
d) Ningún recurso.

23. ¿Cuál de las siguientes es una forma presunta de finalizar el procedimiento administrativo?

a) La imposibilidad material de continuarlo por causas sobrevenidas.
b) El desistimiento.
c) El silencio administrativo.
d) Todas las respuestas son correctas.

24. El órgano instructor resolverá la finalización del procedimiento, con archivo de las actuaciones, sin que sea necesaria la formulación de la propuesta de resolución, cuando en la instrucción procedimiento se ponga de manifiesto que concurre la siguiente circunstancia:

a) Cuando los hechos no resulten acreditados.
b) Cuando no exista o no se haya podido identificar a la persona o personas responsables o bien aparezcan exentos de responsabilidad.
c) Cuando se concluyera, en cualquier momento, que ha prescrito la infracción.
d) Todas las respuestas son correctas.

Solución al test n.º 8

1. d) Todas las respuestas son correctas.

2. c) La terminación convencional.

3. a) Siete días.

4. d) Tres meses.

5. a) La caducidad no producirá por sí sola la prescripción de las acciones del particular o de la Administración, pero los procedimientos caducados interrumpirán el plazo de prescripción.

6. d) Seis meses.

7. d) La resolución.

8. b) Quince días.

9. c) El 20 %.

10. a) Del 50 %.

11. c) La resolución.

12. c) Especial.

13. d) Todas las respuestas son correctas.

14. c) En un plazo no superior a quince días.

15. c) Transcurridos seis meses.

16. d) Las respuestas a) y c) son correctas.

17. a) Si el escrito de iniciación se hubiera formulado por dos o más interesados, el desistimiento o la renuncia afectará a todos los que la hubiesen formulado.

18. d) Diez días desde que fueron notificados del desistimiento o renuncia.

19. b) Tres meses.

20. d) El fijado por la norma reguladora del correspondiente procedimiento.

21. d) Todas las respuestas son correctas.

22. d) Ningún recurso.

23. c) El silencio administrativo.

24. d) Todas las respuestas son correctas.

TEST N.º 9

El personal al servicio de las Entidades Locales: Clases y régimen jurídico. Los instrumentos de organización del personal: plantillas y relaciones de puestos de trabajo. Los instrumentos reguladores de los recursos humanos: la oferta de empleo, los planes de empleo y otros sistemas de racionalización

1. El empleo en el sector público se caracteriza por estar configurado por un modelo:

a) Unitario de personal funcionario.
b) Unitario de personal estatutario.
c) Dual de regímenes jurídicos, personal funcionario y personal laboral.
d) De tres regímenes jurídicos, personal funcionario, personal laboral y personal de designación.

2. El EBEP contiene:

a) Aquello que es común al conjunto de los empleados públicos de todas las Administraciones Públicas.
b) Las normas legales específicas aplicables a los empleados públicos de todas las Administraciones Públicas.
c) Aquello que es común al conjunto de los funcionarios de todas las Administraciones Públicas, más las normas legales específicas aplicables al personal laboral a su servicio.
d) Aquello que es común al conjunto del personal laboral de todas las Administraciones Públicas, más las normas legales específicas aplicables al personal funcionario a su servicio.

3. Según su artículo 1.1, es objeto del EBEP establecer las ………….. del régimen estatutario de los funcionarios públicos incluidos en su ámbito de aplicación. Señalar la palabra que falta en la anterior frase:

a) Peculiaridades.
b) Especialidades.
c) Excepciones.
d) Bases.

4. El artículo 8 del Texto Refundido de la Ley del Estatuto Básico del Empleado Público, aprobado por el Real Decreto Legislativo 5/2015, de 30 de octubre, define como aquellos quienes desempeñan funciones retribuidas en las Administraciones Públicas al servicio de los intereses generales:

a) A los Funcionarios públicos.
b) A los Empleados públicos.
c) Al Personal laboral de las Administraciones Públicas.
d) Al personal estatutario.

5. Los funcionarios de carrera son aquellos quienes, en virtud de nombramiento legal, están vinculados a una Administración Pública por una relación estatutaria regulada por:

a) El Derecho Laboral.
b) El Derecho Administrativo.
c) El Derecho Civil.
d) El Derecho Constitucional.

6. ¿Cuáles son los dos tipos de funcionarios que contempla la Ley 4/2021, de 16 de abril, de la Función Pública Valenciana?

a) Fijos y temporales.
b) Civiles y militares.
c) De carrera e interinos.
d) Profesionales y de prácticas.

7. Según el artículo 18 de la Ley 4/2021, una de las circunstancias que puede dar lugar al nombramiento de personal interino es:

a) La existencia de puestos de trabajo vacantes cuando no sea posible su cobertura por personal funcionario de carrera, por un máximo de dos años.
b) La sustitución transitoria de la persona titular de un puesto de trabajo, durante un máximo de seis meses.
c) La ejecución de programas de carácter temporal, con una duración, en ningún caso, superior a dos años.
d) El exceso o acumulación de tareas, de carácter excepcional y circunstancial, por un plazo máximo de nueve meses dentro de un período de dieciocho meses.

8. Los funcionarios interinos serán nombrados por razones expresamente justificadas de necesidad y:

a) Economía.
b) Eficacia.
c) Urgencia.
d) Calidad.

9. El personal laboral al servicio de las Administraciones Públicas NO puede desempeñar puestos:

a) Correspondientes a áreas de actividades que requieran conocimientos técnicos especializados.

b) En el extranjero con funciones administrativas de trámite y colaboración y auxiliares, aunque comporten manejo de máquinas, archivo y similares.

c) Cuyas actividades sean propias de oficios.

d) Que impliquen la participación directa o indirecta en la salvaguardia de los intereses generales del Estado y de las Administraciones Públicas.

10. En relación con el personal eventual, el EBEP dispone que:

a) El número máximo de este tipo de personal se establecerá por ley de las Cortes Generales o de las Asambleas legislativas de las Comunidades Autónomas.

b) El cese de este personal no va ligado, en ningún caso, al de la autoridad a la que se preste la función de confianza o asesoramiento.

c) La condición de personal eventual constituye mérito para el acceso a la Función Pública y para la promoción interna.

d) Este personal solo realiza funciones expresamente calificadas como de confianza o asesoramiento especial.

11. Según el artículo 25 de la Ley 4/2021, el procedimiento de nombramiento del personal directivo público profesional atenderá a los principios de publicidad, mérito y capacidad, así como al de:

a) Transparencia.

b) Idoneidad.

c) Economía.

d) Participación.

12. Según el artículo 31 de la Ley 4/2021, para el acceso a los cuerpos o escalas del grupo B se exigirá estar en posesión del título de:

a) Diplomado universitario.

b) Técnico o Técnico superior de formación profesional.

c) Bachiller.

d) Graduado en Educación Secundaria obligatoria.

13. ¿Cuál es la unidad básica de la estructura administrativa del empleo público?

a) El puesto de trabajo.

b) El servicio administrativo.

c) La relación de puestos de trabajo.

d) La plantilla.

14. Tal como señala el artículo 38.2 de la Ley 4/2021, la información contenida en los análisis de puestos de trabajo deberá cumplir con los criterios de relevancia, fiabilidad, validez, objetividad y:

a) Eficacia.
b) Transparencia.
c) Publicidad.
d) Confidencialidad.

15. En relación con la clasificación de puestos de trabajo, es cierto que:

a) La clasificación de puestos de trabajo es el procedimiento a través del cual y previo análisis de cada puesto, se determina su posición organizativa, su contenido funcional y los requisitos para su desempeño, además, en su caso, de otras características, aprobándose mediante Decreto.

b) En ningún caso, los puestos de trabajo de naturaleza funcionarial podrán adscribirse indistintamente a varios cuerpos o escalas.

c) En el caso de que para el acceso a un cuerpo o escala funcionarial se pueda acceder desde diversas titulaciones, con carácter general se exigirá, además de la pertenencia al cuerpo o escala, la posesión de una titulación o titulaciones concretas de entre las previstas como requisito de acceso al mismo, atendiendo a las características específicas de los puestos de trabajo.

d) Los puestos de trabajo, según las funciones asignadas, se clasificarán exclusivamente como puestos de naturaleza funcionarial, laboral o eventual, sin que, en ningún caso, pueda atribuirse en la clasificación más de una naturaleza jurídica.

16. Según el artículo 47 de la Ley 4/2021, es el instrumento técnico a través del cual las administraciones públicas, los organismos públicos, los consorcios y las universidades públicas, organizan, racionalizan y ordenan su personal para una eficaz prestación del servicio público:

a) La relación de puestos de trabajo.
b) La oferta de empleo público.
c) El análisis de puestos de trabajo.
d) La plantilla de personal.

17. La elaboración, tramitación y aprobación de las relaciones de puestos de trabajo de la Administración de la Generalitat, corresponde a la conselleria que ostente las competencias en materia de función pública, en los términos que reglamentariamente se establezcan, y se publicarán en el «Diari Oficial de la Generalitat Valenciana», al menos:

a) Cada seis meses.
b) Una vez al año.
c) Una vez cada dos años.
d) Una vez cada legislatura.

18. En relación con los planes de ordenación de recursos humanos, es cierto que:

a) Podrán contener incentivos a la excedencia voluntaria y a la jubilación anticipada.

b) El procedimiento para la elaboración y aprobación de los planes de ordenación de los Recursos Humanos se regulará por ley.

c) Los planes de ordenación de recursos humanos tendrán carácter restringido.

d) Los planes de ordenación de los recursos humanos no formarán parte de la negociación colectiva.

19. Según el artículo 53 de la Ley 4/2021, la conselleria competente en materia de función pública, respecto del ámbito cuya gestión le corresponde, oídas las organizaciones sindicales con representación en la mesa de negociación correspondiente, aprobará un plan estratégico de recursos humanos:

a) Anualmente.

b) Bienalmente.

c) Trienalmente.

d) Cuatrienalmente.

20. Las entidades sujetas al ámbito subjetivo de aplicación de la Ley 4/2021, remitirán la información agregada sobre los recursos humanos de su sector público al órgano competente para la gestión del Sistema de Información Agregada en materia de empleo público:

a) Mensualmente.

b) Trimestralmente.

c) Semestralmente.

d) Anualmente.

21. La organización, contenido y funcionamiento del registro autonómico de puestos de trabajo de las entidades locales se establecerá:

a) Por una ley.

b) Mediante Decreto del Consell.

c) Mediante Resolución del titular de la Conselleria competente en materia de función pública.

d) Mediante Resolución del titular de la Conselleria competente en materia de presidencia.

22. Los titulares de la Secretaría-Intervención ejercerán sus funciones en las Secretarías de clase tercera, es decir, de Ayuntamientos de Municipios:

a) Con población inferior a 5.001 habitantes y cuyo Presupuesto no exceda de 3.010.060 euros.

b) Con población inferior a 3.001 habitantes y cuyo Presupuesto no exceda de 2.999.000 euros.

c) Con población inferior a 2.501 habitantes y cuyo Presupuesto no exceda de 1.500.060 euros.

d) Con población inferior a 1.000 habitantes y cuyo Presupuesto no exceda de 1.010.060 euros.

23. ¿A qué Subescala pertenecen los funcionarios que realicen tareas administrativas, normalmente de trámite y colaboración?

a) A la Subescala Técnica de Administración General.
b) A la Subescala de Gestión de Administración General.
c) A la Subescala Administrativa de Administración General.
d) A la Subescala Auxiliar de Administración General.

24. La Oferta de empleo público o instrumento similar comportará la obligación de convocar los correspondientes procesos selectivos para las plazas comprometidas y hasta:

a) Un 10 % adicional.
b) Un 15 % adicional.
c) Un 20 % adicional.
d) Un 30 % adicional.

25. La ejecución de la oferta de empleo público deberá desarrollarse dentro del plazo improrrogable de:

a) 1 año.
b) 2 años.
c) 3 años.
d) 5 años.

26. El objetivo de la planificación de los recursos humanos en las Administraciones Públicas es contribuir a la consecución de la .... en la prestación de los servicios y de la .... en la utilización de los recursos económicos disponibles. ¿Qué dos palabras completan, según el artículo 69 del EBEP, la anterior frase?

a) Eficacia y eficiencia.
b) Excelencia y austeridad.
c) Modernización y transparencia.
d) Mejora y optimización.

27. Según el EBEP (RDL 5/2015, de 30 de octubre), para el acceso a los cuerpos o escalas del Grupo B se exigirá estar en posesión del título de:

a) Grado universitario.
b) Diplomado universitario.
c) Técnico superior.
d) Bachiller o Técnico.

28. Entre los medios expuestos por el artículo 69 del EBEP para contribuir a la consecución de la eficiencia en la utilización de los recursos económicos disponibles, no figura:

a) La dimensión adecuada de sus efectivos.
b) La formación de sus efectivos.
c) La negociación con los representantes de sus efectivos.
d) La movilidad de sus efectivos.

29. El artículo 69.1 del EBEP menciona como uno de los medios para la consecución de los objetivos de la planificación de los recursos humanos en las Administraciones Públicas:

a) La libre designación de los cargos directivos.
b) La reducción de servicios públicos.
c) La adopción de acuerdos con los centros de formación y universidades para la formación de los futuros profesionales.
d) La mejor distribución de sus efectivos.

30. Según el artículo 69.2 del EBEP, las Administraciones Públicas, para la ordenación de sus recursos humanos:

a) Deberán aprobar Planes.
b) Podrán firmar Convenios.
c) Deberán firmar Acuerdos.
d) Podrán aprobar Planes.

31. Señalar la opción incorrecta. En virtud del artículo 69.2 del EBEP, las Administraciones Públicas podrán aprobar Planes para la ordenación de sus recursos humanos que incluyan, entre otras medidas, el análisis de las disponibilidades y necesidades de personal desde los siguientes puntos de vista:

a) De los niveles de cualificación.
b) Del número de efectivos.
c) De los perfiles profesionales.
d) De la productividad media de los efectivos.

32. Entre las medidas a incluir en los Planes para la ordenación de los recursos humanos de las Administraciones Públicas, el artículo 69.2.b) del EBEP menciona las previsiones sobre los sistemas de organización del trabajo y modificaciones de:

a) Estructuras de puestos de trabajo.
b) Los perfiles profesionales.
c) Baremos y requisitos exigidos en las bases de las convocatorias.
d) Composición de los tribunales.

33. Según el artículo 69.3 del EBEP, cada Administración Pública planificará sus recursos humanos:

a) De acuerdo a las necesidades que se les presenten.

b) De acuerdo a lo que dispone el EBEP.

c) De acuerdo con los sistemas que establezcan las normas que les sean de aplicación.

d) De acuerdo a lo que establezcan las leyes de desarrollo que aprueben las distintas Comunidades Autónomas en su ámbito de aplicación.

34. La primera medida que considera el artículo 69.2 del EBEP para incluir en los Planes para la ordenación de los recursos humanos de las Administraciones Públicas, es:

a) El análisis de las disponibilidades y necesidades de personal.

b) La previsión sobre los sistemas de organización del trabajo.

c) La movilidad del personal disponible.

d) La promoción interna y la formación del personal.

35. El Registro de Personal de cada Administración Pública, ha de tener en cuenta:

a) La igualdad de consideración de todos los colectivos.

b) La no inclusión de determinados colectivos.

c) Las peculiaridades de determinados colectivos.

d) La publicidad de las peculiaridades de cada colectivo.

Solución al test n.º 9

1. c) Dual de regímenes jurídicos, personal funcionario y personal laboral.

2. c) Aquello que es común al conjunto de los funcionarios de todas las Administraciones Públicas, más las normas legales específicas aplicables al personal laboral a su servicio.

3. d) Bases.

4. b) A los Empleados públicos.

5. b) El Derecho Administrativo.

6. c) De carrera e interinos.

7. d) El exceso o acumulación de tareas, de carácter excepcional y circunstancial, por un plazo máximo de nueve meses dentro de un período de dieciocho meses.

8. c) Urgencia.

9. d) Que impliquen la participación directa o indirecta en la salvaguardia de los intereses generales del Estado y de las Administraciones Públicas.

10. d) Este personal solo realiza funciones expresamente calificadas como de confianza o asesoramiento especial.

11. a) Transparencia.

12. b) Técnico o Técnico superior de formación profesional.

13. a) El puesto de trabajo.

14. b) Transparencia.

15. d) Los puestos de trabajo, según las funciones asignadas, se clasificarán exclusivamente como puestos de naturaleza funcionarial, laboral o eventual, sin que, en ningún caso, pueda atribuirse en la clasificación más de una naturaleza jurídica.

16. a) La relación de puestos de trabajo.

17. b) Una vez al año.

18. a) Podrán contener incentivos a la excedencia voluntaria y a la jubilación anticipada.

19. d) Cuatrienalmente.

20. c) Semestralmente.

21. b) Mediante Decreto del Consell.

22. a) Con población inferior a 5.001 habitantes y cuyo Presupuesto no exceda de 3.010.060 euros.

23. c) A la Subescala Administrativa de Administración General.

24. a) Un 10 % adicional.

25. c) 3 años.

26. a) Eficacia y eficiencia.

27. c) Técnico superior.

28. c) La negociación con los representantes de sus efectivos.

29. d) La mejor distribución de sus efectivos.

30. d) Podrán aprobar Planes.

31. d) De la productividad media de los efectivos.

32. a) Estructuras de puestos de trabajo.

33. c) De acuerdo con los sistemas que establezcan las normas que les sean de aplicación.

34. a) El análisis de las disponibilidades y necesidades de personal.

35. c) Las peculiaridades de determinados colectivos.

TEST N.º 10

Los derechos de los funcionarios locales. Derechos individuales. Especial referencia a la carrera administrativa y a las retribuciones. El régimen de Seguridad Social. Los deberes de los funcionarios locales. El régimen disciplinario. El régimen de responsabilidad civil, penal y patrimonial. El régimen de incompatibilidades

1. Según el Estatuto Básico del Empleado Público ¿de cuánto tiempo disfrutarán los empleados públicos por traslado de domicilio sin cambio de residencia?

a) De dos días.
b) De un día.
c) De dos horas.
d) De un máximo de seis horas.

2. Señala la respuesta incorrecta respecto de los derechos de los funcionarios públicos:

a) Por razones de guarda legal, cuando el funcionario tenga el cuidado directo de algún menor de doce años, de persona mayor que requiera especial dedicación, o de una persona con discapacidad que no desempeñe actividad retribuida, tendrá derecho a la reducción de su jornada de trabajo, sin disminución de sus retribuciones.

b) Por lactancia de un hijo menor de doce meses, la funcionaria tendrá derecho a una hora de ausencia del trabajo que podrá dividir en dos fracciones.

c) Por nacimiento de hijos prematuros o que por cualquier otra causa deban permanecer hospitalizados a continuación del parto, la funcionaria o el funcionario tendrá derecho a ausentarse del trabajo durante un máximo de dos horas diarias percibiendo las retribuciones íntegras.

d) La funcionaria podrá solicitar la sustitución del tiempo de lactancia por un permiso retribuido que acumule en jornadas completas el tiempo correspondiente.

3. Por ser preciso atender el cuidado de un familiar de primer grado, el funcionario tendrá derecho a solicitar una reducción de:

a) Hasta el cincuenta por ciento de la jornada laboral, con carácter retribuido, por razones de enfermedad grave o muy grave y por el plazo máximo de tres meses.

b) Hasta el setenta por ciento de la jornada laboral, con carácter retribuido, por razones de enfermedad grave o muy grave y por el plazo máximo de un mes.

c) Hasta el cincuenta por ciento de la jornada laboral, con carácter retribuido, por razones de enfermedad muy grave y por el plazo máximo de un mes.

d) Hasta el setenta por ciento de la jornada laboral, con carácter retribuido, por razones de enfermedad muy grave y por el plazo máximo de un mes.

4. ¿Qué retribución complementaria está destinada a retribuir las condiciones particulares de algunos puestos de trabajo en atención a su especial dificultad técnica, dedicación, incompatibilidad, responsabilidad, peligrosidad o penosidad?

a) El complemento especial.

b) El complemento específico.

c) El complemento de productividad.

d) El complemento extraordinario.

5. ¿A quién corresponde la asignación individual del complemento de productividad en las Corporaciones Locales?

a) Al Alcalde o Presidente.

b) Al Secretario.

c) Al Interventor.

d) Al Pleno.

6. A tenor del artículo 95 TR-LEBEP, el incumplimiento por los funcionarios de las normas sobre incompatibilidades cuando ello dé lugar a una situación de incompatibilidad, podrá ser constitutivo de falta:

a) Muy grave.

b) Grave.

c) Menos grave.

d) Leve.

7. ¿Qué duración tiene el permiso por adopción, por guarda con fines de adopción, o acogimiento, tanto temporal como permanente?

a) Diecisiete semanas.

b) Dieciséis semanas.

c) Quince semanas.

d) Catorce semanas.

8. Los funcionarios que ejerciten el derecho de huelga, por el tiempo en que hayan permanecido en la misma, devengarán y percibirán:

a) Solo las retribuciones básicas prorrateadas.
b) Las retribuciones básicas y los trienios.
c) Todas las retribuciones que le corresponderían si no hubieran ejercido ese derecho.
d) No devengarán ni percibirán retribución alguna.

9. El permiso de paternidad por el nacimiento, guarda con fines de adopción, acogimiento o adopción de un hijo tendrá una duración, a disfrutar por el padre o el otro progenitor a partir de la fecha del nacimiento, de la decisión administrativa de guarda con fines de adopción o acogimiento, o de la resolución judicial por la que se constituya la adopción, de:

a) Nueve semanas.
b) Dieciséis semanas.
c) Doce semanas.
d) Quince semanas.

10. ¿Qué complemento está destinado a retribuir el interés e iniciativa con que el funcionario desempeña su puesto de trabajo?

a) El complemento de productividad.
b) El complemento específico.
c) El complemento singular.
d) El complemento de dedicación especial.

11. Los funcionarios públicos tendrán derecho a disfrutar, durante cada año natural, de unas vacaciones retribuidas de:

a) Veinte días hábiles, o de los días que correspondan proporcionalmente si el tiempo de servicio durante el año fue menor.
b) Veintidós días hábiles, o de los días que correspondan proporcionalmente si el tiempo de servicio durante el año fue menor.
c) Veintiséis días hábiles, o de los días que correspondan proporcionalmente si el tiempo de servicio durante el año fue menor.
d) Treinta días hábiles, o de los días que correspondan proporcionalmente si el tiempo de servicio durante el año fue menor.

12. ¿Cuántos días hábiles de permiso se concederán en el caso de fallecimiento, accidente o enfermedad graves, hospitalización o intervención quirúrgica sin hospitalización que precise de reposo domiciliario, de un familiar dentro del primer grado de consanguinidad o afinidad, cuando el hecho se produzca en distinta localidad de la del domicilio del funcionario?

a) Tres días.
b) Cuatro días.

c) Cinco días.
d) Seis días.

13. ¿De cuántos días al año, con carácter general, podrá disponer el funcionario de permiso para asuntos personales sin justificación?

a) De hasta 6 días al año.
b) De hasta 7 días al año.
c) De hasta 8 días al año.
d) De hasta 9 días al año.

14. Como máximo, si se mantiene la necesidad de cuidado directo, continuo y permanente, el permiso por cuidado de hijo menor afectado por cáncer u otra enfermedad grave, se extenderá hasta que cumpla:

a) 12 años.
b) 18 años.
c) 16 años.
d) 23 años.

15. Por razón de matrimonio, los funcionarios tendrán derecho a una licencia de:

a) Diez días.
b) Un mes.
c) Quince días.
d) Veinte días.

16. Por nacimiento de hijos prematuros o que por cualquier otra causa deban permanecer hospitalizados a continuación del parto, la funcionaria o el funcionario tendrá derecho a ausentarse del trabajo durante:

a) Un máximo de una hora diaria percibiendo las retribuciones íntegras.
b) Un máximo de 2 horas diarias percibiendo las retribuciones íntegras.
c) Un máximo de 2,5 horas diarias percibiendo las retribuciones íntegras.
d) Un máximo de 3 horas diarias percibiendo las retribuciones íntegras.

17. El juramento o promesa a realizar por los funcionarios se efectúa:

a) Tras la toma de posesión.
b) Antes de ella.
c) En el mismo momento de la toma de posesión.
d) Ante órganos jurisdiccionales.

18. En el juramento o promesa que deben hacer los funcionarios, se señala que se han de cumplir las obligaciones del cargo con lealtad al/a la/a los:

a) Constitución.
b) Corporación.
c) Superiores.
d) Rey.

19. Las cantidades destinadas a financiar aportaciones a planes de pensiones o contratos de seguros tendrán a todos los efectos la consideración de:

a) Retribución básica.
b) Retribución complementaria.
c) Indemnizaciones.
d) Retribución diferida.

20. La observancia de las normas sobre seguridad y salud laboral:

a) Es un principio ético de los empleados públicos.
b) Se ajustará a lo que indiquen los representantes de los trabajadores.
c) Se establece solo para los puestos de trabajo cuyo desempeño suponga riesgos inequívocos.
d) Es obligatoria para todos los empleados públicos.

21. Para el cumplimiento de un deber inexcusable de carácter público o personal, se tiene derecho a un permiso:

a) De tres días.
b) Por tiempo indispensable.
c) De cinco días.
d) De dos días.

22. En una Corporación de cincuenta y nueve funcionarios existirán representándolos:

a) Un Delegado de Personal.
b) Dos Delegados de Personal.
c) Un Comité de Empresa.
d) Una Junta de Personal.

23. Los trienios se cobran:

a) En igual cuantía dentro de cada Subgrupo o Grupo de clasificación profesional, en el supuesto de que este no tenga Subgrupo.
b) En concepto de retribución complementaria.
c) Solo mensualmente, sin percibirse en las pagas extraordinarias.
d) Ninguna de las respuestas anteriores es correcta.

24. En las pagas extraordinarias se percibe:

a) El sueldo y el complemento de destino solamente.
b) Todas las retribuciones.
c) Las retribuciones básicas en exclusiva.
d) Nada de lo expuesto es correcto.

25. La participación en las multas impuestas por un funcionario, cuando esté normativamente atribuida a los servicios:

a) Está expresamente prohibida.
b) No está sujeta a retención fiscal.
c) Se permite excepcionalmente, con arreglo a dicha normativa.
d) Es la regla general y forma parte de las retribuciones complementarias.

26. Señala la respuesta incorrecta. Las retribuciones complementarias de los funcionarios se establecerán por las correspondientes leyes de cada Administración Pública atendiendo, entre otros, a los siguientes factores:

a) La especial dificultad técnica, responsabilidad, dedicación, incompatibilidad exigible para el desempeño de determinados puestos de trabajo.
b) Los servicios extraordinarios prestados en la jornada normal de trabajo.
c) La progresión alcanzada por el funcionario dentro del sistema de carrera administrativa.
d) El grado de interés, iniciativa o esfuerzo con que el funcionario desempeña su trabajo.

27. La asistencia sanitaria de los funcionarios locales corresponde en la actualidad a la:

a) Sanidad privada.
b) Seguridad Social.
c) Mutualidad Nacional de Previsión de la Administración Local.
d) Cualquiera de las anteriores.

28. ¿Qué norma establece el régimen de Incompatibilidades del Personal al Servicio de las Administraciones Públicas?

a) El Real Decreto 65/2001, de 2 de noviembre.
b) La Ley 53/1984, de 26 de diciembre.
c) La Ley 21/2008, de 30 de abril.
d) El Real Decreto 2/1999, de 17 de febrero.

29. No tienen la consideración de accidentes de trabajo:

a) Los que sean debidos a dolo o a imprudencia temeraria del trabajador accidentado.
b) Las enfermedades o defectos, padecidos con anterioridad por el trabajador, que se agraven como consecuencia de la lesión constitutiva del accidente.

c) Los que sufra el trabajador al ir o al volver del lugar de trabajo.

d) Los debidos a imprudencia profesional que sea consecuencia del ejercicio habitual de un trabajo y se derive de la confianza que este inspira.

30. En relación con los Pactos y Acuerdos de las Mesas de Negociación, NO es cierto que:

a) Los Acuerdos versarán sobre materias competencia de los órganos de gobierno de las Administraciones Públicas.

b) Los Pactos se celebrarán sobre materias que se correspondan estrictamente con el ámbito competencial del órgano administrativo que lo suscriba.

c) Si los Acuerdos ratificados tratan sobre materias sometidas a reserva de ley que, en consecuencia, solo pueden ser determinadas definitivamente por las Cortes Generales o las asambleas legislativas de las comunidades autónomas, su contenido conservará eficacia directa mientras no sean rechazados.

d) Los Pactos y Acuerdos en sus respectivos ámbitos y en relación con las competencias de cada Administración Pública, podrán fijar las reglas que han de resolver los conflictos de concurrencia entre las negociaciones de distinto ámbito y los criterios de primacía y complementariedad entre las diferentes unidades negociadoras.

31. Será objeto de negociación, en su ámbito respectivo y en relación con las competencias de cada Administración Pública y con el alcance que legalmente proceda:

a) La determinación concreta de los procedimientos de acceso al empleo público.

b) La regulación concreta de los criterios de promoción profesional.

c) Las materias referidas a calendario laboral.

d) La determinación de condiciones de trabajo del personal directivo.

32. El artículo 98 de la Ley 4/2021 lo considera un principio de actuación del personal empleado público, no una obligación:

a) Conocer las lenguas oficiales de la Comunitat Valenciana en los términos que se determine reglamentariamente, y garantizar a la ciudadanía el ejercicio del derecho de utilizarlas en las relaciones con la administración autonómica.

b) Guardar secreto de las materias clasificadas o cuya difusión esté prohibida legalmente y mantener la debida discreción sobre los asuntos que conozcan por razón de su puesto público, sin que pueda hacer uso de la información obtenida para beneficio propio o de terceros, o en perjuicio del interés público, todo ello con pleno respeto al ejercicio de la libertad de expresión, incluida la crítica a la actuación de los poderes públicos.

c) Tratar con atención y respeto a la ciudadanía, a todo el personal empleado público y, en general, a todas aquellas personas con las que se relacione en el ejercicio de sus funciones.

d) Observar las normas sobre seguridad y salud laboral.

33. La potestad disciplinaria se ejercerá de acuerdo, entre otros, con el principio de:

a) Irretroactividad de las disposiciones sancionadoras favorables al presunto infractor.

b) Proporcionalidad aplicable a las sanciones pero no a la clasificación de las faltas.

c) Presunción de culpabilidad en el caso del personal directivo.

d) Legalidad y tipicidad de las faltas y sanciones, a través de la predeterminación normativa y, en el caso del personal laboral, de los convenios colectivos.

34. Conforme al artículo 170 de la Ley 4/2021, tendrá la consideración de falta muy grave:

a) Intervenir en un procedimiento administrativo cuando se dé alguna de las causas de abstención legalmente señaladas.

b) La realización, dentro de la jornada laboral, de manera reiterada o con ánimo de lucro de otro tipo de actividades personales o profesionales.

c) El abuso de autoridad en el ejercicio del cargo.

d) La falta de obediencia debida a las personas que sean sus superiores jerárquicos y a las que sean autoridades.

35. Por comisión de una falta grave, se podrá sancionar con la suspensión de funciones y retribuciones o del derecho, en su caso, a ser llamado de cualquiera de las bolsas de empleo temporal de las que se forme parte, por un periodo de entre:

a) 15 días y 3 años.

b) 1 y 3 años.

c) 6 meses y 1 año.

d) 3 meses y 2 años.

36. Según el artículo 175 de la Ley 4/2021, las infracciones muy graves prescribirán:

a) A los dos años.

b) A los tres años.

c) A los cinco años.

d) A los seis años.

37. Las sanciones impuestas por faltas leves prescribirán:

a) A los 3 meses.

b) A los 6 meses.

c) Al año.

d) A los 2 años.

38. La sanción de demérito, por falta muy grave, podrá consistir en la pérdida de dos grados en el sistema de carrera horizontal y la privación del derecho a ser evaluado para el ascenso de grado, por un periodo de entre:

a) Uno y tres años.
b) Dos y cuatro años.
c) Tres y cinco años.
d) Cuatro y seis años.

39. La sanción de despido disciplinario del personal laboral:

a) Sancionará la comisión de faltas graves y muy graves.
b) Tendrá una duración máxima de 6 años.
c) Comportará la inhabilitación para ser titular de un nuevo contrato de trabajo con funciones similares a las que desempeñaban.
d) Comportará la inhabilitación para ser titular de cualquier contrato de trabajo con una Administración Pública, con carácter permanente.

40. La violación de la imparcialidad, utilizando las facultades atribuidas para in-fluir en procesos electorales de cualquier naturaleza y ámbito, se considera una falta:

a) Muy grave.
b) Grave.
c) Leve.
d) No se considera una falta disciplinaria sino un delito.

Solución al test n.º 10

1. b) De un día.

2. a) Por razones de guarda legal, cuando el funcionario tenga el cuidado directo de algún menor de doce años, de persona mayor que requiera especial dedicación, o de una persona con discapacidad que no desempeñe actividad retribuida, tendrá derecho a la reducción de su jornada de trabajo, sin disminución de sus retribuciones.

3. c) Hasta el cincuenta por ciento de la jornada laboral, con carácter retribuido, por razones de enfermedad muy grave y por el plazo máximo de un mes.

4. b) El complemento específico.

5. a) Al Alcalde o Presidente.

6. a) Muy grave.

7. b) Dieciséis semanas.

8. d) No devengarán ni percibirán retribución alguna.

9. b) Dieciséis semanas.

10. a) El complemento de productividad.

11. b) Veintidós días hábiles, o de los días que correspondan proporcionalmente si el tiempo de servicio durante el año fue menor.

12. c) Cinco días.

13. a) De hasta 6 días al año.

14. d) 23 años.

15. c) Quince días.

16. b) Un máximo de 2 horas diarias percibiendo las retribuciones íntegras.

17. c) En el mismo momento de la toma de posesión.

18. d) Rey.

19. d) Retribución diferida.

20. d) Es obligatoria para todos los empleados públicos.

21. b) Por tiempo indispensable.

22. d) Una Junta de Personal.

23. a) En igual cuantía dentro de cada Subgrupo o Grupo de clasificación profesional, en el supuesto de que este no tenga Subgrupo.

24. d) Nada de lo expuesto es correcto.

25. a) Está expresamente prohibida.

26. b) Los servicios extraordinarios prestados en la jornada normal de trabajo.

27. b) Seguridad Social.

28. b) La Ley 53/1984, de 26 de diciembre.

29. a) Los que sean debidos a dolo o a imprudencia temeraria del trabajador accidentado.

30. c) Si los Acuerdos ratificados tratan sobre materias sometidas a reserva de ley que, en consecuencia, solo pueden ser determinadas definitivamente por las Cortes Generales o las asambleas legislativas de las comunidades autónomas, su contenido conservará eficacia directa mientras no sean rechazados.

31. c) Las materias referidas a calendario laboral.

32. b) Guardar secreto de las materias clasificadas o cuya difusión esté prohibida legalmente y mantener la debida discreción sobre los asuntos que conozcan por razón de su puesto público, sin que pueda hacer uso de la información obtenida para beneficio propio o de terceros, o en perjuicio del interés público, todo ello con pleno respeto al ejercicio de la libertad de expresión, incluida la crítica a la actuación de los poderes públicos.

33. d) Legalidad y tipicidad de las faltas y sanciones, a través de la predeterminación normativa y, en el caso del personal laboral, de los convenios colectivos.

34. b) La realización, dentro de la jornada laboral, de manera reiterada o con ánimo de lucro de otro tipo de actividades personales o profesionales.

35. a) 15 días y 3 años.

36. b) A los tres años.

37. c) Al año.

38. b) Dos y cuatro años.

39. c) Comportará la inhabilitación para ser titular de un nuevo contrato de trabajo con funciones similares a las que desempeñaban.

40. a) Muy grave.

TEST N.º 11

Recursos administrativos: principios generales. Actos susceptibles de recurso administrativo. Reglas generales de tramitación de los recursos administrativos. Clases de recursos

1. El recurso de alzada contra actos que no agotan la vía administrativa es:

a) Extraordinario.
b) La regla general.
c) Especial.
d) Inexistente.

2. La *reformatio in peius*, en materia de recursos:

a) Se admite como regla general.
b) Solo se permite en materia sancionadora.
c) Se admite cuando el recurso está claramente infundado.
d) Está expresamente prohibida.

3. Cuando hayan de tenerse en cuenta nuevos hechos o documentos no recogidos en el expediente originario, se pondrán de manifiesto a los interesados para que formulen las alegaciones que estimen procedentes, en un plazo:

a) No inferior a diez días ni superior a quince.
b) De veinte días.
c) No inferior a cinco días ni superior a veinte.
d) De treinta días.

4. La resolución de un recurso:

a) Debe circunscribirse a lo solicitado por el recurrente.
b) Resolverá cuantas cuestiones se deduzcan del expediente.
c) No es necesario que se motive.
d) Debe aceptar las razones en que se fundamente el propio recurso.

5. Si el acto fuera expreso, el plazo para la interposición del recurso de reposición será de:

a) Tres meses.
b) Diez días.
c) Quince días.
d) Un mes.

6. El recurso de alzada contra actos que no agotan la vía administrativa es:

a) Extraordinario.
b) La regla general.
c) Especial.
d) Inexistente.

7. El recurso de reposición contra actos que no agotan la vía administrativa es:

a) Ordinario.
b) Extraordinario.
c) Especial.
d) Inexistente.

8. La resolución presunta del recurso de alzada se dará, si no recae resolución, al/a los:

a) Quince días de interponerlo.
b) Mes de su interposición.
c) Tres meses desu interposición.
d) En cualquier momento a partir del día siguiente a aquel en que, de acuerdo con su normativa específica, se produzcan los efectos del silencio administrativo.

9. El silencio administrativo en el recurso de alzada puede ser positivo en el siguiente caso:

a) Cuando el recurso se presentó contra un acto presunto desestimatorio de la solicitud del ciudadano.
b) Cuando perjudique al ciudadano.
c) Siempre que beneficie al interés público.
d) En ningún supuesto es positivo.

10. Para plantear un recurso administrativo:

a) Hay que tener capacidad jurídica, sin requerirse la capacidad de obrar.
b) Basta con la capacidad de obrar.
c) Se requiere, siempre, ser titular de un derecho subjetivo afectado por el acto que se recurre.
d) Puede hacerlo quien ostente la condición de interesado.

11. Cuando una persona interpone un recurso de alzada denominándolo como recurso de revisión:

a) Deberá desestimarse el recurso por improcedente.
b) Deberá notificársele el error para que lo subsane.
c) No se admitirá el recurso.
d) Deberá resolverse, si del propio recurso se deduce su carácter.

12. Como consecuencia del principio de congruencia, al resolver un recurso, la Administración Pública:

a) Podrá agravar la situación inicial del recurrente.
b) Deberá ajustarse a las peticiones del recurrente.
c) Lo desestimará, manteniendo el acto administrativo.
d) Solo decidirá sobre las cuestiones planteadas por el recurrente sin entrar en otras que deriven del procedimiento.

13. Entre los límites de la revisión de los actos administrativos se encuentra:

a) La prescripción de la acción.
b) Su ilegalidad manifiesta.
c) Que atente a derechos subjetivos.
d) Que incurra en nulidad de pleno derecho.

14. El recurso de revisión es:

a) Unitario.
b) Ordinario.
c) Especial.
d) Extraordinario.

15. Contra los actos dictados por un Tribunal de Oposiciones:

a) No cabe recurso alguno.
b) Puede presentarse recurso de alzada ante su Presidente.
c) El recurso de alzada debe entablarse ante la autoridad que nombró al Presidente.
d) Solo es posible el recurso de revisión.

16. No es motivo bastante para interponer un recurso de revisión que:

a) Se haya incurrido en manifiesto error de hecho al dictar el acto.
b) Hubiere mediado cohecho en la resolución.
c) Se haya dictado por órgano manifiestamente incompetente.
d) Hayan influido documentos declarados falsos por sentencia judicial firme.

17. Para que pueda entablarse un recurso extraordinario de revisión por error de hecho, este:

a) Ha de ser declarado por sentencia judicial firme.
b) Ha de haberse adoptado por cohecho.
c) Ha de derivar de documentos habidos en el expediente.
d) Nada de lo anterior es cierto.

18. La revocación por la Administración Pública de un acto administrativo de gravamen o no declarativo de derechos:

a) Ha de efectuarse a instancia de los particulares.
b) Está prohibida.
c) Se podrá revocar mientras que no haya transcurrido el plazo de prescripción, siempre que no constituya dispensa o exención no permitida por las leyes, o sea contraria al principio de igualdad, al interés público o al ordenamiento jurídico.
d) Requiere previo dictamen del Consejo de Estado.

19. En la Administración Local (en concreto, en un Ayuntamiento), la declaración de lesividad de un acto se efectúa a través del/de la:

a) Presidente de la Corporación Local.
b) Junta de Gobierno Local.
c) Pleno.
d) Cualquiera de los anteriores.

20. Un acto anulable, ¿puede ser revisado de oficio por la Administración Pública, una vez transcurridos cuatro años desde que se dictó?

a) Sí, cuando así lo dictamine el Consejo de Estado.
b) No.
c) Sí, cuando incurra en nulidad de pleno derecho y así lo dictamine el Consejo de Estado.
d) Sí, cuando la ilegalidad sea manifiesta y así lo dictamine el Consejo de Estado.

Solución al test n.º 11

1. b) La regla general.

2. d) Está expresamente prohibida.

3. a) No inferior a diez días ni superior a quince.

4. b) Resolverá cuantas cuestiones se deduzcan del expediente.

5. d) Un mes.

6. b) La regla general.

7. d) Inexistente.

8. c) Tres meses de su interposición.

9. a) Cuando el recurso se presentó contra un acto presunto desestimatorio de la solicitud del ciudadano.

10. d) Puede hacerlo quien ostente la condición de interesado.

11. d) Deberá resolverse, si del propio recurso se deduce su carácter.

12. b) Deberá ajustarse a las peticiones del recurrente.

13. a) La prescripción de la acción.

14. d) Extraordinario.

15. c) El recurso de alzada debe presentarse ante la autoridad que nombró al Presidente.

16. c) Se haya dictado por órgano manifiestamente incompetente.

17. c) Ha de derivar de documentos habidos en el expediente.

18. c) Se podrá revocar mientras que no haya transcurrido el plazo de prescripción, siempre que no constituya dispensa o exención no permitida por las leyes, o sea contraria al principio de igualdad, al interés público o al ordenamiento jurídico.

19. c) Pleno.

20. b) No.

TEST N.º 12

Los contratos administrativos en la esfera local. Disposiciones generales: objeto y ámbito de aplicación de la Ley. Clasificación de los contratos administrativos. Disposiciones generales sobre la contratación del sector público

1. Están incluidos en el ámbito de la Ley de Contratos del Sector Público:

a) La relación de servicio de los funcionarios públicos y los contratos regulados en la legislación laboral.

b) Las relaciones jurídicas consistentes en la prestación de un servicio público cuya utilización por los usuarios requiera el abono de una tarifa, tasa o precio público de aplicación general.

c) Los contratos relativos a servicios de arbitraje y conciliación.

d) Los contratos onerosos, cualquiera que sea su naturaleza jurídica, que celebren las Mutuas de Accidentes de Trabajo y Enfermedades Profesionales de la Seguridad Social.

2. Los contratos que tienen por objeto la adquisición, el arrendamiento financiero, o el arrendamiento, con o sin opción de compra, de productos o bienes muebles, son:

a) Contratos de servicios.

b) Contratos de suministro.

c) Contratos de obras.

d) Contratos de gestión de servicios públicos.

3. No se consideran contratos de suministros:

a) Aquellos en los que el empresario se obligue a entregar una pluralidad de bienes de forma sucesiva y por precio unitario sin que la cuantía total se defina con exactitud al tiempo de celebrar el contrato, por estar subordinadas las entregas a las necesidades del adquirente.

b) Los que tengan por objeto la adquisición y el arrendamiento de equipos y sistemas de telecomunicaciones o para el tratamiento de la información, sus dispositivos y programas, y la cesión del derecho de uso de estos últimos.

c) Los de adquisición de programas de ordenador desarrollados a medida.

d) Los de fabricación, por los que la cosa o cosas que hayan de ser entregadas por el empresario deban ser elaboradas con arreglo a características peculiares fijadas previamente por la entidad contratante, aun cuando esta se obligue a aportar, total o parcialmente, los materiales precisos.

4. Están sujetos a regulación armonizada los contratos de obras y los contratos de concesión de obras públicas cuyo valor estimado sea igual o superior a:

a) 5.538.000 euros.
b) 6.581.000 euros.
c) 8.615.000 euros.
d) 1.861.000 euros.

5. De los siguientes, son contratos privados los contratos celebrados por una Administración Pública que tengan por objeto:

a) La suscripción a revistas, publicaciones periódicas y bases de datos.
b) La concesión de servicios públicos.
c) Los contratos de colaboración entre el sector público y el sector privado.
d) La adquisición de suministros.

6. Conforme al artículo 1.3 de la Ley 9/2017, siempre que guarde relación con el objeto del contrato, en toda contratación pública se incorporarán de manera transversal y preceptiva criterios sociales y:

a) Divulgativos.
b) Comunitarios.
c) Medioambientales.
d) Judiciales.

7. Conforme al artículo 3.4 de la Ley 9/2017, los partidos políticos, cuando cumplan los requisitos para ser poder adjudicador y respecto de los contratos sujetos a regulación armonizada, deberán actuar conforme a los principios de publicidad, concurrencia, transparencia, igualdad y:

a) No discriminación.
b) Eficacia.
c) Sometimiento a las leyes.
d) Legitimidad.

8. En virtud de la Ley 9/2017 (art. 6.1.a), se presumirá que las entidades intervinientes en un convenio tienen vocación de mercado cuando realicen en el mercado abierto un porcentaje de las actividades objeto de colaboración igual o superior a:

a) El 10%.
b) El 20%.
c) El 50%.
d) El 30%.

9. Se incluyen en el ámbito de aplicación de la Ley 9/2017:

a) Las relaciones jurídicas consistentes en la prestación de un servicio público cuya utilización por los usuarios requiera el abono de una tarifa, tasa o precio público de aplicación general.

b) Las encomiendas de gestión reguladas en la legislación vigente en materia de régimen jurídico del sector público.

c) Los contratos relativos a servicios de arbitraje y conciliación.

d) Los contratos subvencionados por entidades que tengan la consideración de poderes adjudicadores que celebren otras personas físicas o jurídicas en los supuestos previstos en el artículo 23 relativo a los contratos subvencionados sujetos a una regulación armonizada.

10. Un conjunto de trabajos de construcción o de ingeniería civil, destinado a cumplir por sí mismo una función económica o técnica, que tenga por objeto un bien inmueble, es denominado por la Ley 9/2017:

a) Una infraestructura.

b) Patrimonio material.

c) Una obra.

d) Un servicio público.

11. En un contrato de concesión de obras, cuando no esté garantizado que, en condiciones normales de funcionamiento, el concesionario vaya a recuperar las inversiones realizadas ni a cubrir los costes en que hubiera incurrido como consecuencia de la explotación de las obras que sean objeto de la concesión, se considerará que el mismo asume un riesgo:

a) Operacional.

b) Virtual.

c) General.

d) Provisional.

12. Los contratos que tengan por objeto la adquisición de energía primaria o energía transformada se consideran:

a) Contratos de concesión de servicios.

b) Contratos de suministros.

c) Contratos privados.

d) Contratos de servicios.

13. Deberá elaborarse un proyecto y tramitarse como la Ley 9/2017 dispone para los contratos de obras, el contrato mixto en que un elemento del contrato sea una obra y esta supere:

a) Los 50.000 euros.

b) Los 100.000 euros.

c) Los 5.000 euros.

d) Los 10.000 euros.

14. No podrán ser objeto de los contratos de servicios:

a) Los que impliquen ejercicio de la autoridad inherente a los poderes públicos.

b) Los que impliquen el desarrollo o mantenimiento de aplicaciones informáticas.

c) Los que tengan por objeto el desarrollo y la puesta a disposición de productos protegidos por un derecho de propiedad intelectual o industrial.

d) Los que tengan por objeto la prestación de actividades docentes en centros del sector público desarrolladas en forma de cursos de formación o perfeccionamiento del personal al servicio de la Administración.

15. Se consideran sujetos a regulación armonizada los contratos:

a) Relativos al tiempo de radiodifusión o al suministro de programas que sean adjudicados a proveedores del servicio de comunicación audiovisual o radiofónica.

b) De concesión adjudicados para la puesta a disposición o la explotación de redes fijas destinadas a prestar un servicio al público en relación con la producción, el transporte o la distribución de agua potable.

c) De concesión de obras cuyo valor estimado sea igual o superior a 5.382.000 euros.

d) Que tengan por objeto los servicios de certificación y autenticación de documentos que deban ser prestados por un notario público.

16. Los contratos celebrados por entidades del sector público que siendo poder adjudicador no reúnan la condición de Administraciones Públicas, tienen la consideración de:

a) Contratos administrativos.

b) Contratos privados.

c) Contratos administrativos especiales.

d) Contratos mixtos.

17. Los contratos celebrados por entidades del sector público que no reúnan la condición de poder adjudicador, tienen la consideración de:

a) Contratos administrativos.

b) Contratos privados.

c) Contratos administrativos especiales.

d) Contratos mixtos.

18. Para la Directiva 2014/23/UE, de 26 de febrero de 2014, relativa a la adjudicación de contratos de concesión, el criterio delimitador del contrato de concesión de servicios respecto del contrato de servicios es:

a) La cuantificación del coste.

b) Quién asume el riesgo operacional.

c) La exigencia o no de la clasificación del empresario.

d) La publicación en boletín oficial.

19. Según el art. 13.3 de la Ley 9/2017, de 8 de noviembre, de Contratos del Sector Público, los contratos de obras se referirán:

a) A una obra completa.
b) A una superficie acotada.
c) A un área concreta.
d) A un plan urbanístico determinado.

20. Según el artículo 3.2. de la LCSP, tienen la consideración de Administración Pública:

a) Las autoridades administrativas independientes.
b) Las fundaciones públicas.
c) Las Mutuas colaboradoras con la Seguridad Social.
d) Las Entidades Públicas Empresariales.

21. Uno de los objetos de la Ley 9/2017 de Contratos del Sector Público, es asegurar una eficiente utilización de los fondos destinados a la realización de obras, la adquisición de bienes y la contratación de servicios mediante la exigencia de la definición previa de las necesidades a satisfacer, la salvaguarda de la libre competencia y la selección de la oferta económicamente más ventajosa, todo ello en conexión con el objetivo de estabilidad presupuestaria y control del gasto, y el principio de:

a) Integridad.
b) Transparencia.
c) Efectividad.
d) Calidad.

22. En toda contratación pública se incorporarán de manera transversal y preceptiva criterios sociales y medioambientales:

a) En todo caso.
b) Siempre que guarde relación con el objeto del contrato.
c) Siempre que se garantice la relación calidad-precio.
d) Como criterio decisorio en caso de igualdad de ofertas.

23. Los consorcios y otras entidades de derecho público, se consideran Administraciones Públicas a efectos de la Ley 9/2017 de Contratos del Sector Público, si se dan las circunstancias establecidas para poder ser considerados poder adjudicador y estando vinculados a una o varias Administraciones Públicas o dependientes de las mismas, no se financien mayoritariamente:

a) Con subvenciones.
b) Con ingresos de mercado.
c) Con tasas e impuestos.
d) Con donaciones.

24. Los partidos políticos, así como las organizaciones sindicales y las organizaciones empresariales y asociaciones profesionales, además de las fundaciones y asociaciones vinculadas a cualquiera de ellos, cuando cumplan los requisitos para ser poder adjudicador y respecto de los contratos sujetos a regulación armonizada deberán actuar conforme a los principios de publicidad, concurrencia, transparencia, igualdad y no discriminación sin perjuicio del respeto a la autonomía de la voluntad y, cuando sea procedente, de:

a) La confidencialidad.
b) El interés general.
c) La libertad de asociación.
d) La autorregulación.

25. Los partidos políticos, así como las organizaciones sindicales y las organizaciones empresariales y asociaciones profesionales, además de las fundaciones y asociaciones vinculadas a cualquiera de ellos, cuando cumplan los requisitos para ser poder adjudicador deberán actuar conforme a los principios de publicidad, concurrencia, transparencia, igualdad y no discriminación sin perjuicio del respeto a la autonomía de la voluntad y de la confidencialidad cuando sea procedente, respecto de los contratos:

a) Administrativos.
b) Privados.
c) De concesión de obras.
d) Sujetos a regulación armonizada.

26. La duración de los contratos de arrendamiento de bienes muebles no podrá exceder, incluyendo las posibles prórrogas, de:

a) 3 años.
b) 4 años.
c) 5 años.
d) 7 años.

27. Se consideran contratos menores los contratos de suministro o de servicios de valor estimado inferior a:

a) 15.000 euros.
b) 20.000 euros.
c) 30.000 euros.
d) 40.000 euros.

28. ¿Cuál de los siguientes contratos que celebren los poderes adjudicadores se perfecciona con su formalización?

a) Contratos basados en un acuerdo marco.
b) Contratos específicos en el marco de un sistema dinámico de adquisición.
c) Contratos adjudicados mediante un procedimiento abierto.
d) Contratos menores.

29. ¿Cuál de las siguientes es una causa de anulabilidad del contrato?

a) El incumplimiento de las circunstancias y requisitos exigidos para la modificación de los contratos.

b) La falta de publicación del anuncio de licitación en el perfil de contratante alojado en la Plataforma de Contratación del Sector Público.

c) Haber llevado a efecto la formalización del contrato, en los casos en que se hubiese interpuesto el recurso especial en materia de contratación sin respetar la suspensión automática del acto recurrido en los casos en que fuera procedente.

d) La falta de capacidad de obrar o de solvencia económica, financiera, técnica o profesional.

30. Son susceptibles de recurso especial los contratos de obras cuyo valor estimado sea superior a:

a) 100.000 euros.

b) 500.000 euros.

c) 1 millón de euros.

d) 3 millones de euros.

Solución al test n.º 12

1. d) Los contratos onerosos, cualquiera que sea su naturaleza jurídica, que celebren las Mutuas de Accidentes de Trabajo y Enfermedades Profesionales de la Seguridad Social.

2. b) Contratos de suministro.

3. c) Los de adquisición de programas de ordenador desarrollados a medida.

4. a) 5.538.000 euros.

5. a) La suscripción a revistas, publicaciones periódicas y bases de datos.

6. c) Medioambientales.

7. a) No discriminación.

8. b) El 20%.

9. d) Los contratos subvencionados por entidades que tengan la consideración de poderes adjudicadores que celebren otras personas físicas o jurídicas en los supuestos previstos en el artículo 23 relativo a los contratos subvencionados sujetos a una regulación armonizada.

10. c) Una obra.

11. a) Operacional.

12. b) Contratos de suministros.

13. a) Los 50.000 euros.

14. a) Los que impliquen ejercicio de la autoridad inherente a los poderes públicos.

15. c) De concesión de obras cuyo valor estimado sea igual o superior a 5.382.000 euros.

16. b) Contratos privados.

17. b) Contratos privados.

18. b) Quién asume el riesgo operacional.

19. a) A una obra completa.

20. a) Las autoridades administrativas independientes.

21. a) Integridad.

22. b) Siempre que guarde relación con el objeto del contrato.

23. b) Con ingresos de mercado.

24. a) La confidencialidad.

25. d) Sujetos a regulación armonizada.

26. c) 5 años.

27. a) 15.000 euros.

28. c) Contratos adjudicados mediante un procedimiento abierto.

29. a) El incumplimiento de las circunstancias y requisitos exigidos para la modificación de los contratos.

30. d) 3 millones de euros.

TEST N.º 13

Los bienes de las Entidades Locales. El dominio público. El patrimonio privado de las mismas

1. Según la Ley del Patrimonio de las Administraciones Públicas, el patrimonio de las Administraciones Públicas está constituido por:

a) El conjunto de bienes y derechos, cualquiera que sea su naturaleza y el título de su adquisición.
b) El dinero.
c) Los valores.
d) Los créditos y los demás recursos financieros de su hacienda.

2. Por razón del régimen jurídico al que están sujetos, los bienes y derechos que integran el patrimonio de las Administraciones Públicas pueden ser:

a) De dominio público o patrimoniales y de dominio privado.
b) De dominio público y de dominio privado o demaniales.
c) De dominio público y de dominio privado.
d) Demaniales y comunales.

3. Tienen la consideración de bienes comunales:

a) Aquellos cuyo aprovechamiento corresponda al común de los vecinos.
b) Aquellos cuyo aprovechamiento corresponda al común de los ciudadanos.
c) Aquellos cuyo aprovechamiento corresponda al común de los residentes.
d) Los destinados a un uso o servicio público.

4. Los bienes comunales solo podrán pertenecer:

a) Al municipio.
b) Al municipio y a las Entidades Locales Menores.
c) Al municipio y a la provincia.
d) Al patrimonio del Estado.

5. Según el artículo 132 de la Constitución Española, los bienes de dominio público:

a) Se inspiran en los principios de inalienabilidad, imprescriptibilidad e inembargabilidad.

b) Se encuentran inspirados en los principios de preferencia, dominio y generalidad.

c) Se ajustan a los principios de desafectación e inalienabilidad.

d) Se inspiran en los principios de no sujeción a tributo alguno e inembargabilidad.

6. De conformidad con el artículo 6 de la Ley del Patrimonio de las Administraciones Públicas no es un principio al que se ajusta la gestión y administración de los bienes y derechos demaniales:

a) Dedicación preferente al uso común frente a su uso privativo.

b) Simplicidad y máxima celeridad.

c) Identificación y control a través de inventarios o registros adecuados.

d) Cooperación y colaboración entre las Administraciones Públicas en el ejercicio de sus competencias sobre el dominio público.

7. Son bienes de uso público local:

a) Las aguas de fuentes y estanques.

b) Los puentes y demás obras públicas de aprovechamiento.

c) Las Casas Consistoriales.

d) Las respuestas a) y b) son correctas.

8. Son bienes de servicio público:

a) Los Palacios Provinciales.

b) Los destinados al cumplimiento de fines públicos de responsabilidad de las Entidades Locales.

c) Las plazas, calles, paseos.

d) Las respuestas a) y b) son correctas.

9. Las Administraciones Públicas no podrán adquirir bienes y derechos:

a) Por herencia, legado o donación.

b) Por prescripción.

c) Por usurpación.

d) Por atribución de la ley.

10. Cuando un Ayuntamiento adquiera un bien a título oneroso se exigirá:

a) Informe previo pericial y acuerdo de la Corporación si se trata de valores mobiliarios.

b) Informe previo del órgano estatal o autonómico competente si se trata de bienes de carácter histórico y artístico, y excedan del 1 por 100 de los recursos ordinarios del Presupuesto de la Corporación.

c) Autorización de la Comunidad Autónoma respectiva si se trata de bienes inmuebles.
d) Ninguna respuesta es correcta.

11. El uso común de los bienes de dominio público puede ser:

a) Uso normal si fuere conforme con el destino del dominio público.
b) Uso anormal si no fuere conforme con dicho destino.
c) Especial, que se da cuando concurren circunstancias singulares por la peligrosidad o intensidad del uso.
d) Uso privativo.

12. El uso privativo de un bien de dominio público implica:

a) La ocupación de la totalidad del dominio público de modo que limite o excluya la utilización de los demás interesados.
b) La ocupación perpetua de una parte del dominio público de modo que limite o excluya la utilización de los demás interesados. Se invitará al interesado a que retire el documento.
c) La ocupación de una parte del dominio público de modo que limite o excluya la utilización de los demás interesados.
d) La ocupación de una parte del dominio público siempre que los demás puedan seguir utilizándolo.

13. ¿Se pueden enajenar los bienes de dominio público?

a) Sí.
b) Es necesario que, previamente, se desafecten del uso o servicio público mediante el oportuno expediente de alteración de su calificación jurídica.
c) Los bienes de dominio público son inalienables.
d) Las respuestas b) y c) son correctas.

14. La alteración de la calificación jurídica de los bienes de las Entidades Locales requiere expediente en el que se acrediten:

a) Su oportunidad.
b) Su legalidad.
c) Su oportunidad y legalidad.
d) La conveniencia de la alteración.

15. La alteración de la calificación jurídica de los bienes de las Entidades Locales se produce automáticamente en el siguiente supuesto:

a) Cuando la Entidad adquiera por usucapión, con arreglo al Derecho Administrativo, el dominio de una cosa.
b) Adscripción de bienes patrimoniales por más de treinta años a un uso o servicio público o comunal.

c) Aprobación definitiva de los Planes de Ordenación Urbana y de los Proyectos de obras y servicios.

d) Adscripción de bienes patrimoniales por más de cinco años a un uso o servicio público o comunal.

16. No es una potestad de las Entidades Locales en defensa de sus bienes:

a) Deslindar en vía administrativa los inmuebles de su titularidad.
b) Conservarlos con la debida diligencia.
c) Recuperar de oficio la posesión indebidamente perdida.
d) Investigar la situación de los bienes.

17. La formación de inventario de los bienes:

a) Es obligatoria.
b) Es facultativa.
c) Se puede obviar en ciertos casos.
d) Solo es obligatoria en ciertos casos.

18. Las Administraciones Públicas deben inscribir en los correspondientes registros los bienes y derechos de su patrimonio:

a) Que sean susceptibles de inscripción.
b) Siempre.
c) En ningún caso.
d) En determinados casos.

19. Las Administraciones Públicas podrán deslindar los bienes inmuebles de su patrimonio de otros pertenecientes a terceros:

a) En los casos de fuerza mayor.
b) Cuando los límites entre ellos sean imprecisos o existan indicios de usurpación.
c) Cuando existan indicios de robo o hurto.
d) Cuando existan indicios de delito.

20. Si se trata de bienes y derechos patrimoniales, la recuperación de la posesión en vía administrativa requiere que la iniciación del procedimiento haya sido notificada antes de que transcurra:

a) El plazo de un año, contado desde el día siguiente al de la usurpación.
b) El plazo de dos años, contado desde el día siguiente al de la usurpación.
c) El plazo de cinco años, contado desde el día siguiente al de la usurpación.
d) El plazo de tres años, contado desde el día siguiente al de la usurpación.

21. Las Administraciones Públicas tienen la facultad de investigar la situación de los bienes y derechos:

a) Que presumiblemente formen parte de su patrimonio.
b) En cualquier momento.
c) A fin de determinar la titularidad de los mismos cuando esta no les conste de modo cierto.
d) Las respuestas a) y c) son correctas.

22. ¿Podrán las Administraciones Públicas recuperar en vía administrativa la posesión de sus bienes?

a) No.
b) Cuando decaigan o desaparezcan el título, las condiciones o las circunstancias que legitimaban su ocupación por terceros.
c) Cuando decaigan o desaparezcan las condiciones que legitimaban la condición del bien.
d) Sí.

23. No se podrán aprovechar los bienes comunales mediante:

a) Adjudicación por lotes o suertes a los vecinos.
b) Aprovechamiento peculiar, según las leyes dictadas por el Estado.
c) En régimen de explotación común.
d) En régimen de cultivo colectivo.

24. Se perderán la condición de bienes comunales si:

a) No han sido objeto de disfrute de esta índole durante más de diez años, aunque en alguno de ellos se haya producido acto aislado de aprovechamiento.
b) No han sido objeto de disfrute de esta índole durante más de veinte años.
c) No han sido objeto de disfrute de esta índole durante más de treinta años.
d) No han sido objeto de disfrute de esta índole durante más de cuarenta años.

25. Son bienes patrimoniales o de propios los que, siendo de propiedad de la Entidad Local:

a) No estén destinados a un uso público.
b) No estén afectados a algún servicio público.
c) No estén destinados a un uso público ni afectados a algún servicio público y puedan constituir fuente de ingresos para el erario de la Entidad.
d) No estén destinados a un uso público ni afectados a algún servicio público.

26. Las enajenaciones de los bienes patrimoniales, según el Reglamento de Bienes de las Entidades Locales, han de realizarse, como regla general mediante:

a) Procedimiento negociado.
b) Procedimiento abierto.

c) Concurso.
d) Subasta.

27. La cesión gratuita de los bienes a otras Administraciones o Instituciones Públicas requerirá:

a) El acuerdo favorable de la mayoría simple del número legal de miembros de la Corporación.
b) El acuerdo favorable de la mayoría absoluta del número legal de miembros de la Corporación.
c) El acuerdo favorable de un tercio del número legal de miembros de la Corporación.
d) El acuerdo favorable de dos tercios del número legal de miembros de la Corporación.

28. Los bienes inmuebles patrimoniales no podrán cederse gratuitamente salvo:

a) A Entidades o Instituciones Públicas y para fines que redunden en beneficio de los habitantes del término municipal.
b) A las Instituciones Privadas de interés público sin ánimo de lucro.
c) A Entidades o Instituciones Públicas sin ánimo de lucro.
d) Las respuestas a) y b) son correctas.

29. Los valores mobiliarios:

a) Deberán ser custodiados por la Policía Local.
b) Se custodiarán por personas que tengan la condición de agentes de la autoridad.
c) Se custodiarán en la caja de caudales bajo la responsabilidad de los tres claveros.
d) Se custodiará por el Tesorero Municipal.

30. El arrendamiento o cualquier otra forma de cesión de uso de los bienes patrimoniales, en cuanto a su preparación y adjudicación, se regirá por:

a) El Derecho Privado.
b) Las normas jurídico-públicas que regulen la contratación de las Entidades Locales.
c) La Ley del Patrimonio de las Administraciones Públicas y sus disposiciones de desarrollo.
d) La legislación hipotecaria.

31. El Reglamento de Bienes de las Entidades Locales es de:

a) 2 de abril de 1985.
b) 11 de julio de 1986.
c) 28 de noviembre de 1986.
d) 13 de junio de 1986.

32. Según el Reglamento de Bienes de las Entidades Locales, los bienes de estas Entidades se clasifican en:

a) Patrimoniales y de propios.
b) Comunales, de dominio público y patrimoniales.

c) Comunales y de dominio privado.
d) De dominio público y patrimoniales.

33. Las Provincias como Entidades Locales no tienen bienes:

a) Privados.
b) Patrimoniales.
c) Comunales.
d) Demaniales.

34. Las aguas de las fuentes públicas son:

a) Comunales.
b) De servicio público.
c) De uso público.
d) Patrimoniales.

35. La inalienabilidad predicable de los bienes de dominio público significa que:

a) Solo pueden venderse con escritura pública.
b) No pueden ser utilizados por los particulares.
c) Por el transcurso del tiempo, unido a la posesión de los mismos, no se adquiere su propiedad.
d) No son susceptibles de venta alguna.

36. Los bienes de dominio público solo pagan el tributo:

a) De bienes inmuebles.
b) Que fije el Estado al efecto.
c) De carácter local que señale cada Comunidad Autónoma.
d) Ninguno.

37. El Presidente de una Diputación Provincial es competente para adquirir bienes a título oneroso siempre que su valor no supere los:

a) Diez millones de euros.
b) Seis millones de euros.
c) Tres millones de euros.
d) Cinco millones de euros.

38. En caso de que sea posible, la aceptación de una herencia ha de realizarse:

a) Solo cuando tenga cargas o gravámenes.
b) Cuando estas cargas sean superiores a los bienes.
c) Siempre a beneficio de inventario.
d) Para destinar los bienes a fines de beneficencia.

39. Se requiere autorización de la Comunidad Autónoma para la adquisición de:

a) Bienes de carácter histórico y artístico.
b) Inmuebles.
c) Semovientes.
d) Valores mobiliarios.

40. En cambio, se requiere el informe previo de la Comunidad Autónoma para adquirir onerosamente los siguientes bienes:

a) Inmuebles.
b) Valores mobiliarios.
c) Bienes de carácter histórico y artístico cuando exceda su valor del 1 % de los recursos ordinarios del Presupuesto.
d) Bienes de este carácter aunque no se exceda dicho límite, siempre que no se exceda el de la contratación directa de suministros.

41. El uso común general de los bienes de dominio público requiere:

a) Licencia.
b) Concesión.
c) Simple permiso.
d) Nada de lo anterior.

42. Por su parte, el uso privativo de un bien de dominio público requiere:

a) Previa autorización.
b) Simple permiso.
c) Concesión.
d) Licencia.

43. El uso común especial, requiere:

a) Licencia.
b) Simple precario.
c) Concesión.
d) Nada en especial.

44. Para usar privativamente bienes de servicio público se requiere:

a) Autorización.
b) Licencia.
c) Concesión.
d) Nada de lo anterior, pues no cabe este uso.

45. La realización del comercio ambulante en las vías públicas es un ejemplo de uso:

a) Común general.
b) Común especial.
c) Privativo.
d) Comunal.

46. Se considera anormal el siguiente uso del dominio público:

a) Instalar un quiosco.
b) Una industria callejera.
c) Estacionar un vehículo.
d) Una conducción subterránea de agua.

47. La enajenación de un bien de dominio público sin previa desafectación:

a) Corresponde al Pleno de la Entidad Local.
b) Es la regla general.
c) Puede hacerse por el Presidente de la Corporación directamente.
d) Es totalmente ilegal.

48. Para alterar la calificación jurídica de un bien municipal se requiere, salvo que sea automática:

a) Voto favorable de dos terceras partes de sus miembros legales.
b) Información pública durante un mes.
c) Voto favorable de la mayoría simple de miembros de la Entidad presentes en la sesión de que se trate.
d) Las respuestas b) y c) son correctas.

49. Se produce automáticamente esta alteración de la calificación jurídica de un bien:

a) Por adscripción de un bien demanial a un uso privado.
b) Por prescripción de un bien de dominio público por un particular.
c) Por usucapión en favor de la Entidad de un bien que estuviera destinado a un uso comunal.
d) En cualquiera de los tres casos anteriores.

50. Como trámite previo al ejercicio de acciones para la defensa de los bienes por una Entidad, se requiere:

a) Dictamen del Secretario de la Corporación.
b) Interposición de un interdicto de retener o recobrar.
c) Ejercicio del desahucio administrativo.
d) Información pública vecinal.

51. Cuando un particular requiere a una Entidad para que defienda un bien de la propiedad de esta, se le concede a la misma un plazo para hacerlo de:

a) Un año.
b) Un mes.
c) Treinta días hábiles.
d) Dos meses.

52. Si una Entidad no atiende el requerimiento de un particular para que defienda un bien de ella, el particular:

a) Debe ser indemnizado.
b) Puede ejercer la acción pública para dicha defensa.
c) Debe denunciar a la Entidad.
d) Adquiere la propiedad del bien de que se trate.

53. En relación con las demandas judiciales que afecten al dominio de las Entidades Locales, estas:

a) Han de consentir con las pretensiones del demandante.
b) Tienen absolutamente prohibido allanarse.
c) Actuarán sin necesidad de defensa letrada.
d) No pueden presentar oposición en sede judicial.

54. La comprobación del Inventario de Bienes de una Entidad Local es:

a) Anual.
b) Semestral.
c) En cada renovación de la Corporación.
d) Cada vez que cambie el Presidente de la Entidad.

55. La rectificación del Inventario de Bienes de una Entidad Local, debe hacerse:

a) Semestralmente.
b) Al renovarse la Corporación.
c) Anualmente.
d) Cuando lo diga el Secretario General de la Corporación.

56. Las avenidas y calles públicas, respecto al Inventario:

a) Deben excluirse.
b) Si son privadas se excluyen.
c) Se incluyen en todo caso.
d) Cuando estén inscritas en el Registro, se incluyen.

57. En el Inventario de Bienes no es necesario incluir:

a) Los bienes de uso público.
b) Los comunales.

c) Los patrimoniales.
d) Deben incluirse todos.

58. Para inscribir un bien mueble de una Entidad Local en el Registro de la Propiedad basta con:

a) Escritura pública.
b) Certificado del Secretario General en relación con el Inventario.
c) Certificado de acuerdo plenario.
d) Nada de lo anterior, al no ser susceptible de inscripción.

59. Para inscribir un bien patrimonial, susceptible de ello, en el Registro de la Propiedad:

a) Debe constar en escritura pública.
b) No se requiere esta, bastando con una certificación del Secretario General en relación con el Inventario.
c) No tiene por qué inscribirse este tipo de bienes.
d) Se hace de oficio por orden del Alcalde o Presidente.

60. A la facultad de delimitar la extensión de una propiedad de una Entidad Local ejercida por esta se le llama potestad de:

a) Deslinde.
b) Recuperación de oficio.
c) Investigación.
d) Desahucio administrativo.

61. Un particular que se entienda perjudicado en la extensión de un terreno de su propiedad por un deslinde administrativo debe salvaguardar sus derechos:

a) Interponiendo recurso contencioso-administrativo.
b) Acudiendo a la Jurisdicción ordinaria.
c) Reclamando ante el Alcalde.
d) No puede perjudicársele por un deslinde.

62. Cuando un particular no esté de acuerdo con los trámites seguidos en un deslinde de bienes por una Entidad Local debe:

a) Impugnarlo en vía contencioso-administrativa.
b) Impugnarlo ante la Jurisdicción ordinaria.
c) Interponer un interdicto de retener.
d) Interponer un interdicto de recobrar.

63. La Administración puede recuperar por sí misma los bienes patrimoniales usurpados:

a) Sin límite de tiempo.
b) Después de dos años de la usurpación.
c) Dentro de los cuatro años siguientes a esta.
d) Dentro del primer año tras la usurpación.

64. Si una Entidad no recupera de oficio en el plazo previsto en la pregunta anterior sus bienes patrimoniales usurpados:

a) No puede ejercer acción alguna respecto de los mismos.
b) Puede recuperarlos de esta forma en cualquier momento.
c) Debe acudir a la Jurisdicción Contencioso-Administrativa.
d) Debe acudir a la Jurisdicción civil.

65. Para determinar la titularidad de los bienes presumiblemente de titularidad de una Entidad Local se acude al/a la:

a) Ejercicio de las acciones necesarias para su defensa.
b) Recuperación de oficio.
c) Deslinde.
d) Potestad de investigación.

66. A la extinción en vía administrativa de un derecho constituido sobre un bien comunal, se le denomina:

a) Interdicto de retener o recobrar la posesión.
b) Desahucio administrativo.
c) Potestad de investigación.
d) Recuperación de oficio.

67. Además de los Municipios, pueden tener bienes comunales los/las:

a) Áreas Metropolitanas.
b) Entidades de ámbito territorial inferior al municipal.
c) Provincias.
d) Todos ellos.

68. La titularidad del aprovechamiento de los bienes comunales la ostentan:

a) Solo los Municipios.
b) Estos y las Entidades de ámbito territorial inferior al municipal.
c) Los Municipios y cualquier otra Entidad Local.
d) Los vecinos.

69. Como regla general, el aprovechamiento de estos bienes comunales debe hacerse:

a) En régimen colectivo.
b) Según la Ordenanza al efecto.
c) En proporción directa a la situación económica del vecino.
d) En proporción inversa a esta situación.

70. La adjudicación de lotes de bienes comunales a los vecinos para su explotación se hace:

a) En proporción directa al número de familiares.
b) En proporción directa a su situación económica.
c) En proporción inversa al número de familiares.
d) Solo en explotación colectiva.

71. El máximo porcentaje que puede detraer una Corporación del producto de una subasta para adjudicar el aprovechamiento de bien comunal es del:

a) 1 % de los recursos ordinarios.
b) 10 % de estos recursos.
c) 5 %.
d) 25 %.

72. Puede suprimírsele el carácter de comunal a un bien:

a) Cuando permanezca más de un año sin ser aprovechado.
b) En cualquier caso, previo acuerdo de la Corporación por mayoría absoluta legal de sus miembros.
c) Sin necesidad de expediente alguno al efecto.
d) Ninguna de las respuestas anteriores es correcta.

73. Las parcelas sobrantes tienen el carácter de bienes:

a) Patrimoniales.
b) Comunales.
c) De uso público.
d) De servicio público.

74. Un camión municipal de recogida de basuras que esté en desuso por sus continuos problemas mecánicos es:

a) Comunal.
b) De servicio público.
c) De uso público.
d) Patrimonial.

75. Un bien comunal puede pasar a patrimonial por no ser objeto de disfrute de esta índole, por:

a) Nueve años.
b) Tres años.
c) Cinco años.
d) Más de diez años.

76. La diferencia de valor en una permuta de bienes patrimoniales por otros de carácter inmobiliario no debe sobrepasar el siguiente tanto por ciento:

a) 60 %.
b) 50 %.
c) 40 %.
d) 20 %.

77. El sistema general de enajenación de un bien patrimonial es el/la:

a) Concesión.
b) Permuta.
c) Subasta.
d) Enajenación directa.

78. Señala la respuesta incorrecta. La gestión y administración de los bienes y derechos patrimoniales por las Administraciones Públicas se ajustarán a los siguientes principios:

a) Identificación y control a través de inventarios o registros adecuados.
b) Subjetividad en la adquisición, explotación y enajenación de estos bienes.
c) Publicidad en la enajenación de estos bienes.
d) Transparencia en la adquisición de estos bienes.

79. Para que deba pedirse la autorización de la Comunidad Autónoma en una enajenación de bienes inmuebles se requiere que:

a) Su valor exceda del 10 % de los recursos ordinarios.
b) Su valor exceda del 25 % de estos recursos.
c) Se trate de un bien artístico.
d) No se requiere esta autorización en caso alguno.

80. La cesión gratuita de bienes a otra Administración, en el caso de un Municipio de régimen común, requiere el siguiente quórum:

a) Mayoría simple.
b) Mayoría absoluta del número legal de miembros.
c) Dos tercios del número de hecho y, en todo caso, mayoría absoluta del número legal de miembros.
d) No es posible ceder bienes gratuitamente.

81. ¿Cuál de las siguientes no es una característica básica de los bienes de dominio público?

a) No están sujetos a tributo alguno.
b) Son inalienables.
c) Son indestructibles.
d) Son imprescriptibles.

82. Las Administraciones Públicas podrán adquirir bienes y derechos por cualquiera de los modos previstos en el ordenamiento jurídico y, en particular, por:

a) Herencia, legado o donación.
b) Atribución de la ley.
c) Prescripción.
d) Todas las respuestas son correctas.

83. Las Administraciones Públicas podrán recuperar por sí mismas la posesión indebidamente perdida sobre los bienes y derechos de su patrimonio, y, si estos tienen la condición de demaniales, la potestad de recuperación podrá ejercitarse:

a) Antes de que transcurra el plazo de un año, contado desde el día siguiente al de la usurpación.
b) Antes de que transcurra el plazo de un año, contado desde el mismo día de la usurpación.
c) Antes de que transcurra el plazo de cinco años, contados desde el día siguiente al de la usurpación.
d) En cualquier momento.

84. Con respecto a los bienes comunales, la doctrina (SÁINZ MORENO, entre otros) distingue entre:

a) Bienes comunales típicos y bienes comunales atípicos.
b) Bienes comunales públicos y bienes comunales semipúblicos.
c) Bienes comunales regulares y bienes comunales irregulares.
d) Bienes comunales simples y bienes comunales complejos.

85. La cesión por cualquier título del aprovechamiento de bienes comunales deberá ser acordada:

a) Por el Pleno de la Corporación, requiriéndose el voto favorable de la mayoría simple del número legal de miembros de la Corporación.
b) Por el Pleno de la Corporación, requiriéndose el voto favorable de la mayoría absoluta del número legal de miembros de la Corporación.
c) Por la Junta de Gobierno Local.
d) Por el Alcalde.

Solución al test n.º 13

1. a) El conjunto de bienes y derechos, cualquiera que sea su naturaleza y el título de su adquisición.

2. c) De dominio público y de dominio privado.

3. a) Aquellos cuyo aprovechamiento corresponda al común de los vecinos.

4. b) Al municipio y a las Entidades Locales Menores.

5. a) Se inspiran en los principios de inalienabilidad, imprescriptibilidad e inembargabilidad.

6. b) Simplicidad y máxima celeridad.

7. d) Las respuestas a) y b) son correctas.

8. d) Las respuestas a) y b) son correctas.

9. c) Por usurpación.

10. b) Informe previo del órgano estatal o autonómico competente si se trata de bienes de carácter histórico y artístico, y excedan del 1 por 100 de los recursos ordinarios del Presupuesto de la Corporación.

11. c) Especial, que se da cuando concurren circunstancias singulares por la peligrosidad o intensidad del uso.

12. c) La ocupación de una parte del dominio público de modo que limite o excluya la utilización de los demás interesados.

13. d) La respuesta b) y c) son correctas.

14. c) Su oportunidad y legalidad.

15. c) Aprobación definitiva de los Planes de Ordenación Urbana y de los Proyectos de obras y servicios.

16. b) Conservarlos con la debida diligencia.

17. a) Es obligatoria.

18. a) Que sean susceptibles de inscripción.

19. b) Cuando los límites entre ellos sean imprecisos o existan indicios de usurpación.

20. a) El plazo de un año, contado desde el día siguiente al de la usurpación.

21. d) Las respuestas a) y c) son correctas.

22. b) Cuando decaigan o desaparezcan el título, las condiciones o las circunstancias que legitimaban su ocupación por terceros.

23. b) Aprovechamiento peculiar, según las leyes dictadas por el Estado.

24. a) No han sido objeto de disfrute de esta índole durante más de diez años, aunque en alguno de ellos se haya producido acto aislado de aprovechamiento.

25. c) No estén destinados a un uso público ni afectados a algún servicio público y puedan constituir fuente de ingresos para el erario de la Entidad.

26. d) Subasta.

27. b) El acuerdo favorable de la mayoría absoluta del número legal de miembros de la Corporación.

28. d) Las respuestas a) y b) son correctas.

29. c) Se custodiarán en la caja de caudales bajo la responsabilidad de los tres claveros.

30. b) Las normas jurídico-públicas que regulen la contratación de las Entidades Locales.

31. d) 13 de junio de 1986.

32. d) De dominio público y patrimoniales.

33. c) Comunales.

34. c) De uso público.

35. d) No son susceptibles de venta alguna.

36. d) Ninguno.

37. c) Tres millones de euros.

38. c) Siempre a beneficio de inventario.

39. d) Valores mobiliarios.

40. c) Bienes de carácter histórico y artístico cuando exceda su valor del 1 % de los recursos ordinarios del Presupuesto.

41. d) Nada de lo anterior.

42. c) Concesión.

43. a) Licencia.

44. d) Nada de lo anterior, pues no cabe este uso.

45. b) Común especial.

46. d) Una conducción subterránea de agua.

47. d) Es totalmente ilegal.

48. b) Información pública durante un mes.

49. c) Por usucapión en favor de la Entidad de un bien que estuviera destinado a un uso comunal.

50. a) Dictamen del Secretario de la Corporación.

51. c) Treinta días hábiles.

52. b) Puede ejercer la acción pública para dicha defensa.

53. b) Tienen absolutamente prohibido allanarse.

54. c) En cada renovación de la Corporación.

55. c) Anualmente.

56. c) Se incluyen en todo caso.

57. d) Deben incluirse todos.

58. d) Nada de lo anterior, al no ser susceptible de inscripción.

59. b) No se requiere esta, bastando con una certificación del Secretario General en relación con el Inventario.

60. a) Deslinde.

61. b) Acudiendo a la Jurisdicción ordinaria.

62. a) Impugnarlo en vía contencioso-administrativa.

63. d) Dentro del primer año tras la usurpación.

64. d) Debe acudir a la Jurisdicción civil.

65. d) Potestad de investigación.

66. b) Desahucio administrativo.

67. b) Entidades de ámbito territorial inferior al municipal.

68. d) Los vecinos.

69. a) En régimen colectivo.

70. a) En proporción directa al número de familiares.

71. c) 5 %.

72. d) Ninguna de las respuestas anteriores es correcta.

73. a) Patrimoniales.

74. d) Patrimonial.

75. d) Más de diez años.

76. c) 40 %.

77. c) Subasta.

78. b) Subjetividad en la adquisición, explotación y enajenación de estos bienes.

79. b) Su valor exceda del 25 % de estos recursos.

80. b) Mayoría absoluta del número legal de miembros.

81. c) Son indestructibles.

82. d) Todas las respuestas son correctas.

83. d) En cualquier momento.

84. a) Bienes comunales típicos y bienes comunales atípicos.

85. b) Por el Pleno de la Corporación, requiriéndose el voto favorable de la mayoría absoluta del número legal de miembros de la Corporación.

TEST N.º 14

Los Presupuestos de las Entidades Locales. Principios, integración y documentos de que constan. Proceso de aprobación del Presupuesto Local. Principios generales de ejecución del Presupuesto. Modificaciones presupuestarias: los créditos extraordinarios y los suplementos de crédito, las transferencias de créditos y otras figuras. Liquidación del Presupuesto

1. Los Presupuestos Generales de las Entidades Locales constituyen de acuerdo con el Texto Refundido de la Ley Reguladora de las Haciendas Locales:

a) La expresión de las obligaciones que, como máximo, pueden reconocer la Entidad y sus Organismos Autónomos.

b) La expresión cifrada, conjunta y sistemática de las obligaciones que, como máximo, pueden reconocer la Entidad y sus Organismos Autónomos.

c) La expresión cifrada, general y sistemática de las obligaciones que, como máximo, pueden reconocer la Entidad y sus Organismos Autónomos.

d) La expresión contable, conjunta y sistemática de las obligaciones que, como máximo, pueden reconocer la Entidad y sus Organismos Autónomos.

2. Las Entidades Locales elaborarán y aprobarán anualmente un Presupuesto General en el que se integrarán:

a) El Presupuesto de los organismos autónomos dependientes.

b) Los estados de previsión de gastos e ingresos de las Sociedades Mercantiles cuyo capital social pertenezca íntegramente a la Entidad Local.

c) Las respuestas a) y b) son correctas.

d) El presupuesto agregado de la propia Entidad.

3. El contenido mínimo de las Bases de Ejecución del Presupuesto deberá incluir:

a) Normas que regulen el procedimiento de ejecución del Presupuesto.

b) Regulación de las transferencias de créditos.

c) Niveles de vinculación jurídica de los créditos.

d) Todas respuestas son correctas.

4. ¿Qué norma regula la estructura de los Presupuestos de las Entidades Locales?

a) Orden EHA/3565/2006, de 3 de diciembre, por la que se aprueba la estructura de los Presupuestos de las Entidades Locales de los bienes de uso privado.

b) Orden EHA/3565/2008, de 3 de diciembre, por la que se aprueba la estructura de los Presupuestos de las Entidades Locales.

c) Orden de 20 de septiembre de 1989 por la que se establece la estructura de los presupuestos de las entidades locales.

d) Orden EHA/3565/2005, de diciembre, por la que se aprueba la estructura de los presupuestos de las entidades locales.

5. Dentro de las áreas de gasto del presupuesto, se incluye en el área de gasto 2 referente a Actuaciones de protección y promoción social:

a) Seguridad y movilidad ciudadana.

b) Pensiones.

c) Cultura.

d) Agricultura, ganadería y pesca.

6. ¿En qué área de gasto se incluye la política de gasto denominada "Infraestructuras"?

a) Actuaciones de carácter económico.

b) Actuaciones de carácter general.

c) Producción de bienes públicos de carácter preferente.

d) Deuda pública.

7. ¿En qué área de gasto se incluye la política de gasto denominada "Administración financiera y tributaria"?

a) Actuaciones de carácter general.

b) Actuaciones de carácter económico.

c) Actuaciones de protección y promoción social.

d) Producción de bienes públicos de carácter preferente.

8. ¿En qué área de gasto se incluye la política de gasto denominada "Sanidad"?

a) Producción de bienes públicos de carácter preferente.

b) Actuaciones de protección y promoción social.

c) Servicios públicos básicos.

d) Actuaciones de carácter general.

9. ¿En qué área de gasto se incluye la política de gasto denominada "Fomento del empleo"?

a) Servicios públicos básicos.

b) Actuaciones de protección y promoción social.

c) Actuaciones de carácter económico.
d) Actuaciones de carácter general.

10. En relación con la Clasificación Económica de los Gastos del Presupuesto de las Entidades Locales se distingue entre:

a) Operaciones abiertas y cerradas.
b) Operaciones limitadas y no llmltadas.
c) Operaciones financieras y no financieras.
d) Operaciones a préstamo y liberadas.

11. El Fondo de Contingencia tiene como fin:

a) Atender al abono de los intereses de las operaciones de crédito.
b) Hacer frente a los gastos de contratación del personal laboral.
c) Completar aquellas aplicaciones presupuestarias que necesiten ser ampliadas.
d) Atender a las necesidades imprevistas, inaplazables y no discrecionales, para las que no exista crédito presupuestario o el previsto resulte insuficiente.

12. El Fondo de Contingencia y Otros Imprevistos se ha de incluir obligatoriamente en los Presupuestos:

a) De los municipios con población superior a 5.000 habitantes.
b) De las capitales de provincia.
c) De los municipios con población superior a 15.000 habitantes.
d) De los municipios con población superior a 25.000 habitantes.

13. Respecto a la Clasificación Económica de los Gastos del Presupuesto de las Entidades Locales, dentro del capítulo 1: Gastos de personal, se encuentra el gasto siguiente:

a) Gastos de naturaleza social.
b) Cotizaciones obligatorias de las entidades locales y de sus organismos autónomos a los distintos regímenes de Seguridad Social.
c) Retribuciones fijas y variables.
d) Todas las respuestas son verdaderas.

14. En relación con la Clasificación Económica de los Ingresos del Presupuesto de las Entidades Locales:

a) Se distinguen las operaciones no financieras de las financieras, subdividiéndose las segundas en operaciones corrientes y de capital.
b) Se distinguen las operaciones no financieras de las financieras, subdividiéndose las primeras en operaciones corrientes y de capital.
c) Se distinguen las operaciones no financieras, operaciones corrientes y de capital.
d) Se distinguen las operaciones no financieras de las financieras y de capital.

15. En relación con la Clasificación Económica de los Ingresos del Presupuesto de las Entidades Locales no forman parte de las operaciones corrientes:

a) Impuestos directos.
b) Transferencias de capital.
c) Tasas, precios públicos y otros ingresos.
d) Ingresos patrimoniales.

16. En la Clasificación Económica de los Ingresos del Presupuesto de las Entidades Locales y dentro de los Pasivos Financieros se recoge:

a) El ingreso que obtienen las entidades locales y sus organismos autónomos por la enajenación de activos financieros.
b) La financiación de las entidades locales y sus organismos autónomos procedente de la emisión de Deuda Pública.
c) Las dos respuestas anteriores son correctas.
d) Ninguna respuesta es correcta.

17. ¿Quién forma el presupuesto de la Entidad Local?

a) El Presidente de la entidad.
b) El Interventor.
c) El Secretario.
d) El Tesorero.

18. Deberán unirse al presupuesto como documentación:

a) Anexo de las inversiones a realizar en un plazo de cuatro años.
b) Anexo de personal de la Entidad Local.
c) Liquidación de los presupuestos de ejercicios anteriores.
d) Todas las respuestas son verdaderas.

19. Aprobado inicialmente el presupuesto general, se expondrá al público, previo anuncio en el boletín oficial de la provincia o, en su caso, de la comunidad autónoma uniprovincial:

a) Por quince días.
b) Por treinta días.
c) Por veinte días.
d) Por cuarenta días.

20. El presupuesto se considerará definitivamente aprobado si durante el plazo de alegaciones:

a) No se hubiesen presentado reclamaciones.
b) Se hubieran presentado reclamaciones con falta de motivación.

c) Se hubieran presentado reclamaciones infundadas.

d) Se hubieran presentado reclamaciones extemporáneas o basadas en datos irreales.

21. Únicamente podrán entablarse reclamaciones contra el Presupuesto:

a) Por ser de manifiesta insuficiencia los ingresos con relación a los gastos.

b) Por no haberse ajustado su elaboración a los trámites legalmente establecidos al efecto.

c) Por no haberse ajustado su aprobación a los trámites legalmente establecidos al efecto.

d) Todas las respuestas son válidas.

22. Si al iniciarse el ejercicio económico no hubiese entrado en vigor el presupuesto correspondiente:

a) Se iniciará de nuevo todo el procedimiento de aprobación.

b) Dará lugar a una cuestión de confianza.

c) Se considerará automáticamente prorrogado el del anterior, con sus créditos iniciales.

d) Se adoptará una moción de censura.

23. Los Créditos extraordinarios son:

a) Aquellas modificaciones del Presupuesto de Gastos en los que el crédito previsto resulta insuficiente y no puede ser objeto de ampliación.

b) Aquella modificación del Presupuesto de gastos mediante la que, sin alterar la cuantía total del mismo, se imputa el importe total o parcial de un crédito a otras partidas presupuestarias con diferente vinculación jurídica.

c) Aquellas modificaciones del Presupuesto de Gastos, mediante las que se asigna crédito para la realización de un gasto específico y determinado que no puede demorarse hasta el ejercicio siguiente y para el que no existe crédito.

d) La incorporación de remanentes de crédito de ejercicio anterior.

24. Los créditos extraordinarios y los suplementos de crédito se podrán financiar indistintamente con el siguiente recurso:

a) Con cargo al Remanente Líquido de Tesorería.

b) Mediante anulaciones o bajas de créditos.

c) Las respuestas a y b son correctas.

d) Mediante la venta de bienes patrimoniales de la entidad local.

25. La aprobación de las transferencias de crédito entre distintos grupos de función será competencia:

a) Del órgano que señale las Bases de ejecución del presupuesto.

b) Del Pleno de la Corporación, salvo cuando las bajas y las altas afecten a créditos de personal.

c) Del Presidente de la entidad.

d) Las respuestas b) y c) son correctas.

26. Las transferencias de crédito de cualquier clase estarán sujetas a las siguientes limitaciones:

a) No afectarán a los créditos ampliables.
b) No afectarán a suplementos de crédito concedidos durante el ejercicio.
c) Solo podrán incrementar créditos en un cincuenta por ciento.
d) Las respuestas a) y c) son correctas.

27. Como consecuencia de la liquidación del presupuesto no deberá determinarse:

a) Los remanentes de los presupuestos de los cinco ejercicios anteriores.
b) Los derechos pendientes de cobro y las obligaciones pendientes de pago a 31 de diciembre.
c) El resultado presupuestario del ejercicio.
d) El remanente de Tesorería.

28. A la propuesta de los expedientes de concesión de créditos extraordinarios y suplementos de créditos se habrá de acompañar:

a) Una Memoria justificativa.
b) El estado de ingresos de la entidad.
c) El estado de gastos de la entidad.
d) Las respuestas b) y c) son correctas.

29. Contra la aprobación definitiva del Presupuesto podrá:

a) Interponerse directamente recurso contencioso-administrativo.
b) Interponerse directamente recurso ante el Tribunal de Cuentas.
c) Interponerse recurso de alzada ante el Pleno.
d) Ninguna respuesta es correcta.

30. Tendrán la consideración de interesados para presentar reclamaciones ante la aprobación inicial del presupuesto:

a) Las Cámaras Oficiales.
b) Los Sindicatos.
c) Cualquier ciudadano.
d) Las respuestas a) y b) son correctas.

31. El Presupuesto, con respecto a los gastos, es un/una:

a) Previsión.
b) Límite mínimo.
c) Límite cuantitativo.
d) Cálculo aproximado.

32. Las obligaciones reconocidas y los derechos liquidados se aplicarán a los Presupuestos:

a) Por su importe íntegro.
b) En ningún supuesto.
c) Minorándose.
d) Nada de lo anterior es cierto.

33. Las reglas que deben seguirse en la ejecución del Presupuesto se contienen en la/las/los:

a) Memoria del mismo.
b) Delegaciones de gastos.
c) Bases de Ejecución.
d) Estudios Financieros.

34. A la obligación de la Entidad de destinar los créditos al fin específico que se detalle en la plasmación escrita del Presupuesto, sin poder realizar cambios o traslados de los mismos a otros fines no recogidos en el nivel de que se trate se le denomina:

a) Regulación de las transferencias de créditos.
b) Acumulación de varias fases de la ejecución del Presupuesto.
c) Niveles de vinculación jurídica de los créditos.
d) Disponibilidad presupuestaria.

35. Debe acompañarse como Anexo al Presupuesto General de una Corporación el/los:

a) Presupuestos de los Organismos Autónomos dependientes de la misma.
b) Estados de previsión de gastos e ingresos de las Sociedades Mercantiles de capital íntegro de la Entidad.
c) Estado de consolidación del Presupuesto de la propia Entidad con el de todos los Presupuestos y estados de previsión de sus Organismos Autónomos y Sociedades Mercantiles.
d) Las respuestas a) y b) son ciertas.

36. Debe acompañarse como Anexo al Presupuesto General de una Corporación el/los:

a) Niveles de vinculación jurídica de los créditos.
b) Presupuesto de los Organismos Autónomos dependientes de la Entidad.
c) Estados de Gastos.
d) Planes y programas de inversión y financiación.

37. Las estimaciones de los distintos recursos económicos a liquidar durante el ejercicio se contienen en/en el:

a) Estado de Ingresos.
b) Estado de previsión de gastos e ingresos.

c) Estado de Gastos.
d) Ninguno de ellos.

38. Por su parte, los créditos necesarios para atender el cumplimiento de las obligaciones ordinarias se contienen en/en el:

a) Estado de Ingresos.
b) Plan de Inversión.
c) Estado de Gastos.
d) Todos los anteriores.

39. El Plan de Inversiones de una Corporación debe coordinarse con el/los:

a) Planes de Etapas del Planeamiento Urbanístico.
b) Programa Financiero o de Financiación.
c) Planes de Inversiones de la Comunidad Autónoma.
d) Las respuestas a) y b) son ciertas.

40. El Plan de Inversiones de una Corporación debe completarse con el/los:

a) Programa de Actuación del Planeamiento Urbanístico.
b) Planes de Etapas del citado Planeamiento.
c) Planes de Inversión autonómicos.
d) Programa Financiero o de Financiación.

41. El Plan de Inversiones de una Corporación se formula por un plazo de:

a) Ocho años.
b) Un año, prorrogable uno más.
c) Cuatro años.
d) Dos años.

42. El Plan de Inversiones de una Corporación se revisa con carácter:

a) Trimestral.
b) Anual.
c) Bianual.
d) Semestral.

43. Del Plan de Inversiones se da cuenta, en un Municipio de régimen común, al/a la:

a) Junta de Gobierno Local, al comienzo de cada ejercicio.
b) Pleno coincidiendo con la aprobación del Presupuesto.
c) Alcalde, cada mes.
d) Opinión pública, al finalizar el mandato de la Corporación.

44. Con la revisión anual del Plan de Inversiones en un Municipio de régimen común:

a) Se liquida el mismo con carácter definitivo.
b) Se le añade un nuevo ejercicio a sus previsiones.
c) Censura la gestión de la Corporación.
d) Nada de lo anterior es correcto.

45. Los Presupuestos que se integran en el Presupuesto General de la Corporación deberán aprobarse:

a) Separadamente de este.
b) Con déficit equilibrado.
c) Sin déficit inicial.
d) Por el Alcalde.

46. Para que, a lo largo del ejercicio económico no se presente déficit en el Presupuesto:

a) Se compensarán en el mismo momento en que se acuerden los decrementos de los créditos y los incrementos de los ingresos.
b) Dicha compensación se efectuará respecto de los decrementos de los ingresos y los incrementos de los créditos.
c) No se llevará a cabo gasto alguno que lo provoque.
d) Se incrementarán los conceptos tributarios vigentes.

47. La estructura de los Presupuestos de las Corporaciones Locales se fija por el:

a) Presidente de las mismas.
b) Ministerio de Hacienda.
c) Pleno de ellas.
d) Interventor General de Fondos respectivo.

48. ¿Quién puede aprobar Reglamentos o Normas generales que desarrollen los procedimientos de ejecución del Presupuesto?

a) El Presidente de la Entidad Local.
b) La Junta General de la Entidad Local.
c) El Pleno de la Entidad Local.
d) El Alcalde de la Entidad Local.

49. Dentro de la clasificación por programas de los gastos, el Área de Gasto 1 se refiere a la:

a) Servicios públicos básicos.
b) Actuaciones de carácter económico.

c) Actuaciones de carácter general.
d) Actuaciones de protección y promoción social.

50. Las áreas de gasto se dividen con carácter inmediato en:

a) Grupos de programas.
b) Políticas de programas.
c) Políticas de gasto.
d) Capítulos de gasto.

51. En la Clasificación Económica de los Gastos no hay Capítulo:

a) De transferencias corrientes.
b) Número diez.
c) De gastos financieros.
d) De activos financieros.

52. Según la Clasificación Económica, los gastos se clasifican, dentro de las operaciones no financieras, en:

a) De obligaciones generales y obligaciones diversas.
b) De actividades generales y económicas.
c) Por objetivos.
d) De operaciones de capital y operaciones corrientes.

53. La política de gasto de los órganos de gobierno de una Corporación Local se incluye en la siguiente área de gasto:

a) 1.
b) 4.
c) 9.
d) 0.

54. Por su parte, la Cultura se incluye en la siguiente área de gasto:

a) 1.
b) 2.
c) 3.
d) 4.

55. Las partidas presupuestarias desarrollan, dentro de la Clasificación Económica de los gastos, los/las:

a) Subfunciones.
b) Subconceptos.
c) Programas.
d) Artículos.

56. El Capítulo 1 de la Clasificación Económica de los Gastos se refiere a:

a) Gastos financieros.
b) Transferencias corrientes.
c) Gastos de Personal.
d) Gastos de servicios.

57. La adquisición de activos financieros por las Entidades Locales, se recoge en el siguiente Capítulo de la Clasificación Económica de los Gastos:

a) 8.
b) 9.
c) 7.
d) 6.

58. Por su parte, dentro de dicha Clasificación, los gastos de indemnizaciones por razón del servicio a los funcionarios se recogen en el siguiente Capítulo:

a) Gastos de Personal.
b) Gastos en bienes corrientes y de servicios.
c) Transferencias corrientes.
d) Gastos Financieros.

59. En la Clasificación Económica de los Ingresos, la financiación de las Entidades procedente de la emisión de deuda pública se recoge en el siguiente Capítulo:

a) Transferencias corrientes.
b) Ingresos patrimoniales.
c) Pasivos Financieros.
d) Transferencias de capital.

60. El Presupuesto de las Entidades Locales legalmente debe aprobarse definitivamente:

a) Antes de concluir el ejercicio económico en el que haya de aplicarse.
b) Antes de concluir el ejercicio económico anterior a aquel en que vaya a regir.
c) Cuando lo estime oportuno la Corporación.
d) En el mes de enero del ejercicio económico a que se refiera.

61. A efectos de su aprobación, el Presidente de la Corporación remitirá al Pleno de la misma el proyecto de Presupuesto:

a) Antes del 15 de octubre del año anterior al en que va a regir.
b) Al finalizar el ejercicio económico anterior.
c) Cuando se lo demande el propio Pleno.
d) El primer día hábil del mes de enero del ejercicio económico al que se refiera.

62. En el supuesto de que no esté aprobado el Presupuesto antes del primer día del ejercicio económico a que se refiera:

a) No puede realizarse gasto alguno hasta que no se efectúe dicha aprobación.
b) Incurrirá en responsabilidad contable el Presidente.
c) Deberá incoarse expediente de habilitación de créditos.
d) Se prorroga automáticamente el del ejercicio anterior.

63. La formación del Proyecto de Presupuesto, en un Municipio de régimen común, es competencia del:

a) Pleno de la Corporación.
b) Presidente de la misma.
c) Interventor General de Fondos.
d) Tesorero.

64. El plazo de exposición al público de un Presupuesto, tras su aprobación inicial es de:

a) Treinta días hábiles.
b) Quince días hábiles.
c) Quince días naturales.
d) Un mes.

65. El Pleno de la Corporación tiene de plazo para resolver las reclamaciones presentadas en el período de exposición al público del Presupuesto:

a) Dos meses.
b) Un mes.
c) Treinta días.
d) Veinte días.

66. Debe insertarse el Presupuesto íntegramente en el:

a) Diario de mayor difusión de la Provincia.
b) Boletín Oficial de la Corporación, si lo tuviere.
c) Boletín Oficial de la Provincia.
d) Tablón de Edictos de la Corporación.

67. El Presupuesto entrará en vigor desde:

a) Su aprobación definitiva por el Pleno.
b) La recepción de copia del mismo por la Administración del Estado y de la Comunidad Autónoma respectiva.
c) La publicación en el diario de mayor circulación de la Provincia.

d) El ejercicio correspondiente, una vez publicado en el boletín oficial de la corporación, si lo tuviera, y, resumido por capítulos de cada uno de los presupuestos que lo integran, en el de la provincia o, en su caso, de la Comunidad Autónoma uniprovincial.

68. Contra la aprobación definitiva del Presupuesto el recurso que puede interponerse es:

a) Obligatoriamente, el de reposición como previo a la vía contencioso-administrativa.
b) Ante el Tribunal de Cuentas.
c) El contencioso-administrativo, sin necesidad de previa reposición.
d) El económico-administrativo.

69. El informe del Tribunal de Cuentas está previsto para el supuesto de que:

a) El Presupuesto se apruebe fuera del plazo señalado para ello.
b) Cuando la impugnación se refiera a la nivelación presupuestaria.
c) Se opte por prescindir del período de exposición al público.
d) Se lo pida el Presidente de la Corporación.

70. El acto mediante el cual se declara la existencia de un crédito exigible contra la Entidad derivado de un gasto autorizado y comprometido se denomina:

a) Ordenación de pago.
b) Disposición de gasto.
c) Liquidación de la obligación.
d) Autorización del gasto.

71. Cuando haya de efectuarse un gasto que no tenga crédito previsto en el Presupuesto se:

a) Hace un nuevo Presupuesto.
b) Acude a un suplemento de crédito.
c) Acude a un crédito extraordinario.
d) Utiliza un crédito no afectado.

72. ¿Cómo se denominan aquellas modificaciones del Presupuesto de Gastos en los que, siendo necesario realizar un gasto específico y determinado que no puede demorarse hasta el ejercicio siguiente, el crédito previsto resulta insuficiente y no puede ser objeto de ampliación?

a) Crédito extraordinario.
b) Suplemento de crédito.
c) Ampliación de crédito.
d) Crédito ampliable.

73. El Remanente Líquido de Tesorería, con el que financiar un crédito extraordinario o un suplemento de crédito, se integra por:

a) Mayores ingresos efectivamente recaudados que los previstos.
b) Fondos líquidos y derechos pendientes de cobro.
c) Anulaciones o bajas de créditos.
d) Operaciones especiales de crédito.

74. Se puede acudir a una operación de crédito para dotar un crédito extraordinario o un suplemento de crédito, con el fin de atender nuevos gastos por operaciones corrientes, siempre que la carga financiera de la Entidad no supere el siguiente porcentaje:

a) 25 %.
b) 10 %.
c) 5 %.
d) 50 %.

75. En el caso de acudir a una operación de crédito para dotar un crédito extraordinario o un suplemento de crédito, con el fin de atender nuevos gastos por operaciones corrientes, la operación de crédito ha de quedar cancelada:

a) Antes de que concluya el ejercicio económico en el que se contraiga.
b) Antes de dos años.
c) Antes de que se renueve la Corporación.
d) Utilizando créditos ampliables.

76. El expediente de habilitación de créditos ha de ser ejecutivo:

a) Después de renovarse la Corporación.
b) En cualquiera de los ejercicios que de mandato tenga la Corporación.
c) En el mismo ejercicio en el que se apruebe.
d) Cuando lo estime oportuno el Alcalde, según las necesidades planteadas.

77. El plazo para resolver una reclamación contra un acuerdo de habilitación de créditos por calamidades públicas es de:

a) Un mes.
b) Quince días.
c) Diez días.
d) Ocho días.

78. Tiene carácter inmediatamente ejecutivo un acuerdo sobre:

a) Habilitación de crédito extraordinario.
b) Habilitación de crédito extraordinario en caso de catástrofe pública.
c) Cualquier suplemento de crédito.
d) Ninguno de los anteriores.

79. La modificación del Presupuesto de gastos mediante la que, sin alterar la cuantía total del mismo, se imputa el importe total o parcial de un crédito a otras partidas presupuestarias con diferente vinculación jurídica se denomina:

a) Habilitación de créditos extraordinarios.
b) Transferencias de crédito.
c) Generaciones de créditos por ingresos.
d) Bajas por anulación.

80. El órgano competente para efectuar la liquidación del Presupuesto, en un Municipio de régimen común, es el/la:

a) Junta de Gobierno Local.
b) Pleno de la Corporación.
c) Tribunal de Cuentas.
d) Alcalde o Presidente.

81. ¿A quién corresponde la incoación del expediente de concesión de crédito extraordinario?

a) Al Pleno de la Entidad local.
b) A la Junta de Gobierno local.
c) Al Secretario de la Corporación local.
d) Al Presidente de la Entidad local.

82. Señala cuál de las siguientes no puede ser una modificación de crédito que se lleve a cabo en los Presupuestos de Gastos de la Entidad y de sus Organismos Autónomos:

a) La incorporación de remanentes de crédito de ejercicio anterior.
b) Las bajas por anulación.
c) La generación de créditos por ingresos.
d) Las transferencias de remanentes de otras entidades.

83. La confección de los estados demostrativos de la liquidación del Presupuesto de la Entidad local, deberá realizarse:

a) Antes del día 1 de marzo del ejercicio siguiente.
b) Antes del día 31 de diciembre del ejercicio actual.
c) Antes del día 31 de octubre del ejercicio siguiente.
d) Antes del día 1 de enero del ejercicio actual.

84. Los remanentes de crédito no estarán integrados por:

a) La diferencia entre los gastos dispuestos o comprometidos y las obligaciones reconocidas.
b) La suma de los créditos disponibles, créditos no disponibles y créditos retenidos pendientes de utilizar.

c) La diferencia entre los gastos reconocidos y las obligaciones pendientes de reconocer.
d) La diferencia entre los gastos autorizados y los gastos comprometidos.

85. Con carácter general, los remanentes de crédito, al cierre del ejercicio:

a) Quedarán anulados y no se podrán incorporar al Presupuesto del ejercicio siguiente.
b) Quedarán anulados pero se podrán incorporar al Presupuesto del ejercicio siguiente.
c) No son anulados y se podrán incorporar al Presupuesto del ejercicio siguiente.
d) Se incorporan al Presupuesto del ejercicio siguiente, en todo caso.

Solución al test n.º 14

1. b) La expresión cifrada, conjunta y sistemática de las obligaciones que, como máximo, pueden reconocer la Entidad y sus Organismos Autónomos.

2. c) Las respuestas a) y b) son correctas.

3. d) Todas respuestas son correctas.

4. b) Orden EHA/3565/2008, de 3 de diciembre, por la que se aprueba la estructura de los Presupuestos de las Entidades Locales.

5. b) Pensiones.

6. a) Actuaciones de carácter económico.

7. a) Actuaciones de carácter general.

8. a) Producción de bienes públicos de carácter preferente.

9. b) Actuaciones de protección y promoción social.

10. c) Operaciones financieras y no financieras.

11. d) Atender a las necesidades imprevistas, inaplazables y no discrecionales, para las que no exista crédito presupuestario o el previsto resulte insuficiente.

12. b) De las capitales de provincia.

13. d) Todas las respuestas son verdaderas.

14. b) Se distinguen las operaciones no financieras de las financieras, subdividiéndose las primeras en operaciones corrientes y de capital.

15. b) Transferencias de capital.

16. b) La financiación de las entidades locales y sus organismos autónomos procedente de la emisión de Deuda Pública.

17. a) El Presidente de la entidad.

18. b) Anexo de personal de la Entidad Local.

19. a) Por quince días.

20. a) No se hubiesen presentado reclamaciones.

21. d) Todas las respuestas son válidas.

22. c) Se considerará automáticamente prorrogado el del anterior, con sus créditos iniciales.

23. c) Aquellas modificaciones del Presupuesto de Gastos, mediante las que se asigna crédito para la realización de un gasto específico y determinado que no puede demorarse hasta el ejercicio siguiente y para el que no existe crédito.

24. c) Las respuestas a y b son correctas.

25. b) Del Pleno de la Corporación, salvo cuando las bajas y las altas afecten a créditos de personal.

26. a) No afectarán a los créditos ampliables.

27. a) Los remanentes de los presupuestos de los cinco ejercicios anteriores.

28. a) Una Memoria justificativa.

29. a) Interponerse directamente recurso contencioso-administrativo.

30. d) Las respuestas a) y b) son correctas.

31. c) Límite cuantitativo.

32. a) Por su importe íntegro.

33. c) Bases de Ejecución.

34. c) Niveles de vinculación jurídica de los créditos.

35. c) Estado de consolidación del Presupuesto de la propia Entidad con el de todos los Presupuestos y estados de previsión de sus Organismos Autónomos y Sociedades Mercantiles.

36. d) Planes y programas de inversión y financiación.

37. a) Estado de Ingresos.

38. c) Estado de Gastos.

39. a) Planes de Etapas del Planeamiento Urbanístico.

40. d) Programa Financiero o de Financiación.

41. c) Cuatro años.

42. b) Anual.

43. b) Pleno coincidiendo con la aprobación del Presupuesto.

44. b) Se le añade un nuevo ejercicio a sus previsiones.

45. c) Sin déficit inicial.

46. b) Dicha compensación se efectuará respecto de los decrementos de los ingresos y los incrementos de los créditos.

47. b) Ministerio de Hacienda.

48. c) El Pleno de la Entidad Local.

49. a) Servicios públicos básicos.

50. c) Políticas de gasto.

51. b) Número diez.

52. d) De operaciones de capital y operaciones corrientes.

53. c) 9.

54. c) 3.

55. b) Subconceptos.

56. c) Gastos de Personal.

57. a) 8.

59. c) Pasivos Financieros.

60. b) Antes de concluir el ejercicio económico anterior a aquel en que vaya a regir.

61. a) Antes del 15 de octubre del año anterior en que va a regir.

62. d) Se prorroga automáticamente el del ejercicio anterior.

63. b) Presidente de la misma.

64. b) Quince días hábiles.

65. b) Un mes.

66. b) Boletín Oficial de la Corporación, si lo tuviere.

67. d) El ejercicio correspondiente, una vez publicado en el boletín oficial de la corporación, si lo tuviera, y, resumido por capítulos de cada uno de los presupuestos que lo integran, en el de la provincia o, en su caso, de la Comunidad Autónoma uniprovincial.

68. c) El contencioso-administrativo, sin necesidad de previa reposición.

69. b) Cuando la impugnación se refiera a la nivelación presupuestaria.

70. c) Liquidación de la obligación.

71. c) Acude a un crédito extraordinario.

72. b) Suplemento de crédito.

73. b) Fondos líquidos y derechos pendientes de cobro.

74. a) 25 %.

75. c) Antes de que se renueve la Corporación.

76. c) En el mismo ejercicio en el que se apruebe.

77. d) Ocho días.

78. b) Habilitación de crédito extraordinario en caso de catástrofe pública.

79. b) Transferencias de crédito.

80. d) Alcalde o Presidente.

81. d) Al Presidente de la Entidad local.

82. d) Las transferencias de remanentes de otras entidades.

83. a) Antes del día 1 de marzo del ejercicio siguiente.

84. c) La diferencia entre los gastos reconocidos y las obligaciones pendientes de reconocer.

85. a) Quedarán anulados y no se podrán incorporar al Presupuesto del ejercicio siguiente.

TEST N.º 15

La Ley de Prevención de Riesgos Laborales: Objeto y ámbito de aplicación. Nociones básicas de seguridad e higiene en el trabajo. Derechos y obligaciones. Consulta y participación de los trabajadores

1. ¿Cuál es la vigente Ley de Prevención de Riesgos Laborales?

a) Ley 32/1995, de 8 de noviembre.
b) Ley 30/1996, de 8 de noviembre.
c) Ley 31/1995, de 6 de noviembre.
d) Ley 31/1995, de 8 de noviembre.

2. La Ley de Prevención de Riesgos laborales, tiene por objeto:

a) Prevenir los accidentes en general.
b) Evitar riesgos en el recorrido al puesto de trabajo.
c) Promover la seguridad y la salud de los trabajadores.
d) Que cada vez haya menos accidentes de tráfico.

3. Las actividades o medidas que adoptan las empresas en todas sus fases de actividad y tendentes a disminuir o evitar los riesgos derivados del trabajo, se denominan por la Ley 31/1995:

a) Cuidados.
b) Protección.
c) Previsión.
d) Prevención.

4. Según establece el art. 4 de la Ley 31/1995, de 8 de noviembre, de Prevención de Riesgos Laborales, se define como daños derivados del trabajo.

a) La posibilidad de que un trabajador sufra un determinado daño derivado del trabajo.
b) El que resulte probable racionalmente que se materialice en un futuro inmediato y pueda suponer y pueda suponer un daño grave para la salud de los trabajadores.
c) Las enfermedades, patologías o lesiones sufridas con motivo u ocasión del trabajo.
d) Cualquier máquina, aparato, instrumento o instalación utilizada en el trabajo.

5. Según la Ley de Prevención de Riesgos Laborales, la posibilidad de que un trabajador sufra un determinado daño derivado del trabajo constituye:

a) Riesgo laboral.
b) Daño derivado del trabajo.
c) Prevención.
d) Condición de trabajo.

6. Señala la respuesta incorrecta:

a) La Ley de Prevención de Riesgos Laborales se aplica a los operativos de Seguridad civil en casos de catástrofe.
b) La Ley de Prevención de Riesgos Laborales se aplica a las sociedades cooperativas.
c) La Ley de Prevención de Riesgos Laborales se aplica a la relación laboral de carácter especial del servicio del hogar familiar.
d) En los establecimientos penitenciarios, se adaptarán a la Ley de Prevención de Riesgos Laborales aquellas actividades cuyas características justifiquen una regulación especial.

7. Para calificar un riesgo desde el punto de vista de su gravedad, se valorarán conjuntamente la severidad del daño y:

a) La probabilidad de que se produzca.
b) La cantidad de trabajadores de la empresa.
c) La existencia o no de equipos individuales de protección.
d) Las condiciones de trabajo.

8. Entre los principios de la acción preventiva recogidos por el artículo 15 de la Ley de Prevención de Riesgos Laborales, no figura:

a) Evitar los riesgos.
b) Evaluar los riesgos que se puedan evitar.
c) Tener en cuenta la evolución de la técnica.
d) Dar las debidas instrucciones a los trabajadores.

9. En el marco de sus responsabilidades, el empresario realizará la prevención de los riesgos laborales mediante la integración en la empresa de:

a) Los equipos de protección individual.
b) Los Servicios de Prevención propios.
c) La actividad preventiva.
d) La normativa comunitaria.

10. Podrán realizar el plan de prevención de riesgos laborales, la evaluación de riesgos y la planificación de la actividad preventiva de forma simplificada, en atención a la naturaleza y peligrosidad de las actividades realizadas, empresas cuyo número de trabajadores no exceda de:

a) 30.
b) 50.
c) 80.
d) 100

11. ¿Cuál de los siguientes apartados no es una disciplina técnica de la prevención de riesgos laborales?

a) Seguridad en el trabajo.
b) Medicina Preventiva.
c) Higiene industrial.
d) Ergonomía y psicosociología aplicada.

12. En relación con la vigilancia de la salud que ha de garantizar el empresario, el acceso a la información médica de carácter personal:

a) Se limitará al empresario y a los Servicios de Prevención propios.
b) Se limitará al Jefe inmediato del trabajador.
c) Solo será accesible al propio trabajador.
d) Se limitará al personal médico y a las autoridades sanitarias que lleven a cabo la vigilancia.

13. El empresario garantizará a los trabajadores la vigilancia de la salud...:

a) En todo tiempo y lugar.
b) En función de los riesgos inherentes al trabajo.
c) En función de cualquier riesgo que pueda sufrir.
d) Por medio de reconocimientos obligatorios.

14. En relación con la vigilancia de la salud, no es cierto que:

a) El derecho a la vigilancia periódica del estado de salud puede prolongarse más allá de la finalización de la relación laboral.
b) Las medidas de vigilancia y control se llevarán a cabo por personal sanitario.
c) Los resultados de la vigilancia de la salud serán comunicados a los representantes de los trabajadores.
d) Se deberá optar por la realización de aquellos reconocimientos o pruebas que causen las menores molestias al trabajador.

15. El empresario garantizará a los trabajadores a su servicio la vigilancia periódica de su estado de salud:

a) Que deberá prolongarse más allá de la finalización de la relación laboral.
b) Solamente si la duración de la relación de trabajo temporal es superior a los tres meses.
c) Solamente si la duración de la relación de trabajo temporal es superior a los seis meses.
d) Excepto a los contratados por empresas de trabajo temporal.

16. Entre las obligaciones de los trabajadores recogidas por la Ley de Prevención de Riesgos Laborales, no figura:

a) Informar directamente al empresario de cualquier situación que entrañe riesgo para la seguridad o salud de los trabajadores.
b) Contribuir al cumplimiento de las obligaciones establecidas por la autoridad competente con el fin de proteger la seguridad y la salud de los trabajadores en el trabajo.
c) Cooperar con el empresario para que este pueda garantizar unas condiciones de trabajo que sean seguras y no entrañen riesgos para la seguridad y la salud de los trabajadores.
d) Utilizar correctamente los medios y equipos de protección facilitados por el empresario, de acuerdo con las instrucciones recibidas de este.

17. ¿Está el trabajador obligado a utilizar los equipos de protección individual EPI?

a) No, el trabajador decidirá si se utiliza, pero, la empresa está obligada a proporcionarlos.
b) Sí, pero, en los casos en los que el trabajador lo crea útil.
c) Sí, excepto la ropa de trabajo, esta deberá ser lo más cómoda posible para facilitar las tareas.
d) Sí, siempre que esté indicado su uso.

18. Las trabajadoras embarazadas, ¿tienen derecho a ausentarse del trabajo para la realización de exámenes prenatales y técnicas de preparación al parto?

a) Sí, con derecho a remuneración, previo aviso al empresario y justificación de la necesidad de su realización dentro de la jornada de trabajo.
b) Sí, con derecho a remuneración, sin necesidad de avisar al empresario ni justificar la necesidad de su realización dentro de la jornada de trabajo.
c) Sí, sin derecho a remuneración, previo aviso al empresario y justificación de la necesidad de su realización dentro de la jornada de trabajo.
d) No, en ningún caso.

19. ¿Cuántos delegados de prevención se deberán elegir en empresas entre 3001 y 4000 trabajadores?

a) 5.
b) 6.
c) 7.
d) 8.

20. ¿En qué casos se podrán constituir los Comités de Seguridad y Salud?

a) Se podrán constituir en cualquier empresa, independientemente del número de trabajadores de que disponga.
b) No existen los Comités de Seguridad y Salud.
c) Se podrán constituir en todas aquellas Empresas o Centros que cuenten con 100 o más trabajadores.
d) Se podrán constituir en todas aquellas Empresas o Centros que cuenten con 50 o más trabajadores.

21. En empresas privadas de hasta cien trabajadores, los delegados de prevención dispondrán de un crédito de horas mensuales retribuidas para el ejercicio de sus funciones de representación, de:

a) 8 horas.
b) 10 horas.
c) 15 horas.
d) 20 horas.

22. En la Administración Pública, con más de 750 funcionarios, los Delegados de Prevención contarán con un crédito de horas mensuales dentro de la jornada de trabajo y retribuidas como de trabajo efectivo, de:

a) 20 horas.
b) 30 horas.
c) 35 horas.
d) 40 horas.

23. Conforme al artículo 38 de la Ley 31/1995, el Comité de Seguridad y Salud se reunirá al menos:

a) Quincenalmente.
b) Mensualmente.
c) Trimestralmente.
d) Semestralmente.

24. A efectos de determinar el número de Delegados de Prevención se tendrá en cuenta que, se computarán como trabajadores fijos de plantilla los trabajadores vinculados por contratos de duración determinada superior a:

a) 6 meses.
b) Un año.
c) Dos años.
d) Cuatro años.

25. A efectos de determinar el número de Delegados de Prevención se tendrá en cuenta que, los contratados por término de hasta un año se computarán según el número de días trabajados en el período de un año anterior a la designación. Se computarán como un trabajador más:

a) Cada 3 meses de trabajo o fracción.
b) Cada 6 meses de trabajo o fracción.
c) Cada cien días de trabajo o fracción.
d) Cada doscientos días de trabajo o fracción.

Solución al test n.º 15

1. d) Ley 31/1995, de 8 de noviembre.

2. c) Promover la seguridad y la salud de los trabajadores.

3. d) Prevención.

4. c) Las enfermedades, patologías o lesiones sufridas con motivo u ocasión del trabajo.

5. a) Riesgo laboral.

6. a) La Ley de Prevención de Riesgos Laborales se aplica a los operativos de Seguridad civil en casos de catástrofe.

7. a) La probabilidad de que se produzca.

8. b) Evaluar los riesgos que se puedan evitar.

9. c) La actividad preventiva.

10. b) 50.

11. b) Medicina Preventiva.

12. d) Se limitará al personal médico y a las autoridades sanitarias que lleven a cabo la vigilancia.

13. b) En función de los riesgos inherentes al trabajo.

14. c) Los resultados de la vigilancia de la salud serán comunicados a los representantes de los trabajadores.

15. a) Que deberá prolongarse más allá de la finalización de la relación laboral.

16. a) Informar directamente al empresario de cualquier situación que entrañe riesgo para la seguridad o salud de los trabajadores.

17. d) Sí, siempre que esté indicado su uso.

18. a) Sí, con derecho a remuneración, previo aviso al empresario y justificación de la necesidad de su realización dentro de la jornada de trabajo.

19. c) 7.

20. d) Se podrán constituir en todas aquellas Empresas o Centros que cuenten con 50 o más trabajadores.

21. c) 15 horas.

22. d) 40 horas.

23. c) Trimestralmente.

24. b) Un año.

25. d) Cada doscientos días de trabajo o fracción.

La protección de datos de carácter personal. Regulación y definiciones. Principios de la protección de datos. Derechos de las personas. La Agencia Española de Protección de Datos

1. El artículo 18.1 de la Constitución Española garantiza el derecho al honor, a la intimidad personal y familiar y a:

a) La protección de datos de carácter personal.
b) La confidencialidad.
c) La propia imagen.
d) El secreto profesional.

2. Según el artículo 18.3 de la Constitución Española, se garantiza el secreto de las comunicaciones y, en especial, de las postales, telegráficas y telefónicas:

a) Siempre.
b) Salvo resolución judicial.
c) Excepto en los casos que establezcan las leyes.
d) Salvo consentimiento del interesado.

3. El RGPD señala al determinar cuál es su objeto, que la libre circulación de los datos personales en la Unión:

a) Podrá ser restringida y prohibida por motivos relacionados con la protección de las personas físicas en lo que respecta al tratamiento de datos personales.
b) Podrá ser restringida, pero no prohibida, por motivos relacionados con la protección de las personas físicas en lo que respecta al tratamiento de datos personales.
c) No podrá ser restringida ni prohibida por motivos relacionados con la protección de las personas físicas en lo que respecta al tratamiento de datos personales.
d) No podrá ser restringida, pero sí prohibida, por motivos relacionados con la protección de las personas físicas en lo que respecta al tratamiento de datos personales.

4. El Reglamento General de Protección de Datos se aplica:

a) Únicamente al tratamiento automatizado de datos personales.

b) Únicamente al tratamiento no automatizado de datos personales contenidos o destinados a ser incluidos en un fichero.

c) Únicamente al tratamiento total o parcialmente automatizado de datos personales.

d) Al tratamiento total o parcialmente automatizado de datos personales, así como al tratamiento no automatizado de datos personales contenidos o destinados a ser incluidos en un fichero.

5. El Reglamento General de Protección de Datos se aplica:

a) Al tratamiento de datos personales que no tenga lugar en la Unión Europea en el contexto de las actividades de un establecimiento del responsable o del encargado en la Unión Europea.

b) Al tratamiento de datos personales en el ejercicio de una actividad no comprendida en el ámbito de aplicación del Derecho de la Unión.

c) Al tratamiento de datos personales efectuado por una persona física en el ejercicio de actividades exclusivamente personales o domésticas.

d) Al tratamiento de datos personales por parte de las autoridades competentes con fines de prevención, investigación, detección o enjuiciamiento de infracciones penales, o de ejecución de sanciones penales, incluida la de protección frente a amenazas a la seguridad pública y su prevención.

6. Los datos personales obtenidos a partir de un tratamiento técnico específico, relativos a las características físicas, fisiológicas o conductuales de una persona física que permitan o confirmen la identificación única de dicha persona, como imágenes faciales o datos dactiloscópicos, se denominan:

a) Datos corporales.

b) Datos naturales.

c) Datos genéticos.

d) Datos biométricos.

7. ¿En virtud de qué principio previsto por el Reglamento General de Protección de Datos, los datos personales serán adecuados, pertinentes y limitados a lo necesario en relación con los fines para los que son tratados?

a) Principio de exactitud.

b) Principio de limitación de la finalidad.

c) Principio de responsabilidad proactiva.

d) Principio de minimización de datos.

8. En relación con el consentimiento, el Reglamento General de Protección de Datos dispone que:

a) El consentimiento puede deducirse del silencio o de la inacción de los ciudadanos.

b) Se permite el llamado consentimiento tácito.

c) No es admisible el consentimiento del interesado dado en el contexto de una declaración escrita que también se refiera a otros asuntos.

d) Quienes recopilen datos personales deben ser capaces de demostrar que el afectado les otorgó su consentimiento.

9. Como la consecuencia del derecho que tienen los ciudadanos a solicitar, y obtener de los responsables, que los datos personales sean suprimidos cuando, entre otros casos, estos ya no sean necesarios para la finalidad con la que fueron recogidos, cuando se haya retirado el consentimiento o cuando estos se hayan recogido de forma ilícita, el Reglamento General de Protección de Datos propugna el derecho:

a) Al olvido.
b) De oposición.
c) De rectificación.
d) Al borrado.

10. Según el Reglamento General de Protección de Datos, cuando los datos personales no se hayan obtenido del interesado, el responsable del tratamiento le facilitará, entre otras informaciones, los fines del tratamiento a que se destinan los datos personales, así como la base jurídica del tratamiento. El responsable del tratamiento facilitará la información dentro de un plazo razonable, una vez obtenidos los datos personales, y a más tardar dentro de:

a) 10 días hábiles.
b) 20 días.
c) 1 mes.
d) 3 meses.

11. Según el artículo 5 del Reglamento (UE) 2016/679, de 27 de abril, relativo a la protección de las personas físicas en lo que respecta al tratamiento de datos personales y a la libre circulación de estos datos, los datos personales serán tratados, en relación con el interesado, de manera lícita, leal y:

a) Fiable.
b) Segura.
c) Confidencial.
d) Transparente.

12. Conforme al artículo 3 de la LO 3/2018, las personas vinculadas al fallecido por razones familiares o de hecho así como sus herederos:

a) No podrán dirigirse al responsable o encargado del tratamiento para solicitar el acceso a los datos personales de aquella, si no es por vía judicial.

b) Solo podrán dirigirse al encargado del tratamiento, siempre que sea con objeto de rectificar datos manifiestamente falsos.

c) Podrán dirigirse al responsable o encargado del tratamiento siempre que sea con objeto de solicitar la supresión de los datos personales de aquella sin posibilidad de acceder a ellos.

d) Podrán dirigirse al responsable o encargado del tratamiento al objeto de solicitar el acceso a los datos personales de aquella y, en su caso, su rectificación o supresión.

13. Cuando los plazos se señalen por días en el RGPD o en la LO 3/2018, se entiende que estos:

a) Son naturales.

b) Son hábiles, de lunes a sábado, excluyéndose del cómputo los domingos y los declarados festivos.

c) Son naturales, excluyéndose del cómputo los declarados festivos.

d) Son hábiles, excluyéndose del cómputo los sábados, los domingos y los declarados festivos.

14. En relación con el consentimiento del interesado al tratamiento de datos de carácter personal, es cierto que:

a) En ningún caso se puede obligar a nadie a facilitar sus datos.

b) El consentimiento ha de ser previo a la información sobre el tratamiento.

c) Si se puede consentir libremente, del mismo modo, se puede retirar el consentimiento.

d) La solicitud del consentimiento deberá ir referida a todos los tratamientos que se puedan dar en un plazo determinado.

15. Conforme al RGPD, el interesado tendrá derecho a obtener del responsable del tratamiento la limitación del tratamiento de los datos cuando el responsable ya no necesite los datos personales para los fines del tratamiento, pero el interesado los necesite para:

a) La formulación, el ejercicio o la defensa de reclamaciones.

b) Verificar la exactitud de los mismos.

c) Incorporarlos a sus archivos personales.

d) Proceder él mismo a su destrucción.

16. El derecho a la portabilidad de los datos:

a) Se podrá aplicar a los tratamientos que sean necesarios para el cumplimiento de una misión realizada en interés público o en el ejercicio de poderes públicos conferidos al responsable del tratamiento.

b) A diferencia de otros derechos, podrá afectar negativamente a los derechos y libertades de otros.

c) Supone la obligación de que, en todo caso, los datos personales se transmitan directamente de responsable a responsable.

d) Requiere que el tratamiento se efectúe por medios automatizados.

17. En virtud del derecho de acceso al que se refiere el artículo 15 del Reglamento (UE) 2016/679, del Parlamento Europeo y del Consejo, de 27 de abril, relativo a la protección de las personas físicas en lo que respecta al tratamiento de datos personales y a la libre circulación de estos datos y por el que se deroga la Directiva 95/46/CE:

a) El interesado tendrá derecho a conocer si sus datos de carácter personal están siendo tratados, qué datos son objeto de dicho tratamiento, la finalidad del mismo, el origen de los citados datos y si se han comunicado o se van a comunicar a un tercero.

b) El interesado, previo pago de un canon, tendrá derecho a obtener información sobre sus datos de carácter personal sometidos a tratamiento.

c) El interesado tiene derecho a conocer el nombre y apellidos de las personas que han accedido a sus datos.

d) El interesado tendrá derecho a obtener información de sus datos de carácter personal sometidos a tratamiento, pero no de las comunicaciones que se prevean hacer de ellos.

18. Conforme al RGPD, ¿puede facilitarse la información al interesado de forma verbal?

a) No, en ningún caso.

b) Sí, siempre que lo solicite el interesado.

c) Sí, en cualquier caso siempre que se demuestre la identidad del interesado por otros medios.

d) Sí, cuando lo solicite el interesado y se pueda demostrar su identidad por otros medios.

19. Conforme al RGPD, la información al interesado sobre la base de una solicitud será facilitada por el responsable del tratamiento en el plazo de un mes a partir de la recepción de la solicitud. Teniendo en cuenta la complejidad y el número de solicitudes, dicho plazo será prorrogado:

a) 15 días más.

b) Un mes más.

c) Otros dos meses.

d) Otros tres meses.

20. Señala la respuesta incorrecta. El artículo 15 del RGPD dispone que el interesado tendrá derecho a obtener del responsable del tratamiento confirmación de si se están tratando o no datos personales que le conciernen y, en tal caso, derecho de acceso a los datos personales y a información sobre la existencia de decisiones automatizadas, incluida la elaboración de perfiles, y, al menos en tales casos, información significativa sobre:

a) Los demás interesados afectados por las decisiones.

b) La lógica aplicada.

c) La importancia del tratamiento.

d) Las consecuencias para el interesado previstas de dicho tratamiento.

21. Conforme al artículo 16 del RGPD, teniendo en cuenta los fines del tratamiento, el interesado tendrá derecho a que se completen los datos personales que sean incompletos, inclusive mediante:

a) Levantamiento de acta.
b) Certificación de modificación.
c) Una declaración adicional.
d) Elaboración de anexos.

22. Según el artículo 17 del RGPC, el interesado tendrá derecho a obtener sin dilación indebida del responsable del tratamiento la supresión de los datos personales que le conciernan, el cual estará obligado a suprimir sin dilación indebida los datos personales cuando concurra alguna de las circunstancias siguientes:

a) Los datos personales siguen siendo necesarios en relación con los fines para los que fueron recogidos y tratados del mismo modo.
b) El interesado retire el consentimiento en que se basa el tratamiento, y este se basa en otro fundamento jurídico.
c) El interesado se opone al tratamiento de datos personales que tiene por objeto la mercadotecnia directa.
d) Los datos personales no han sido obtenidos en relación con la oferta de servicios de la sociedad de la información.

23. Conforme al artículo 17 del RGPD, el derecho de supresión no se podrá aplicar cuando:

a) Los datos personales ya no sean necesarios en relación con los fines para los que fueron recogidos o tratados de otro modo.
b) Los datos personales se hayan obtenido en relación con la oferta de servicios de la sociedad de la información.
c) Los datos personales hayan sido tratados ilícitamente.
d) Los datos personales sean necesarios para ejercer el derecho a la libertad de expresión e información.

24. Conforme al artículo 17 del RGPD, el derecho de supresión no se podrá aplicar cuando:

a) El interesado retire el consentimiento en que se basa el tratamiento, y este no se base en otro fundamento jurídico.
b) El tratamiento sea necesario para la formulación, el ejercicio o la defensa de reclamaciones.
c) El interesado se oponga al tratamiento y no prevalezcan otros motivos legítimos para el tratamiento.
d) El interesado se oponga al tratamiento cuando el tratamiento de datos personales tenga por objeto la mercadotecnia directa.

25. Conforme al artículo 18 del RGPD, el interesado tendrá derecho a obtener del responsable del tratamiento la limitación del tratamiento de los datos:

a) Cuando los datos personales ya no sean necesarios en relación con los fines para los que fueron recogidos o tratados de otro modo.

b) Para que el interesado pueda ejercer el derecho a la libertad de expresión e información.

c) Cuando el interesado impugne la exactitud de los datos personales, durante un plazo que permita al responsable verificar la exactitud de los mismos.

d) Por razones de interés público en el ámbito de la salud pública.

26. En relación con el derecho de portabilidad, es cierto que:

a) El ejercicio de este derecho impide el ejercicio del derecho de supresión.

b) Al ejercer su derecho a la portabilidad de los datos, el interesado tendrá que transmitir los datos directamente al nuevo responsable de los mismos.

c) Se aplicará al tratamiento que sea necesario para el cumplimiento de una misión realizada en interés público o en el ejercicio de poderes públicos conferidos al responsable del tratamiento.

d) No podrá afectar negativamente a los derechos y libertades de otros.

27. En referencia con el derecho de oposición, el artículo 21 del RGPD señala que:

a) Cuando el tratamiento de datos personales tenga por objeto la mercadotecnia directa, el interesado tendrá derecho a oponerse en todo momento al tratamiento de los datos personales que le conciernan.

b) A más tardar en el momento de la segunda comunicación con el interesado, el derecho de oposición será mencionado explícitamente al interesado y será presentado claramente y al margen de cualquier otra información.

c) Aun cuando el tratamiento de datos personales tenga por objeto la mercadotecnia directa, el interesado no podrá oponerse a la elaboración de perfiles relacionada con la citada mercadotecnia.

d) Los motivos legítimos para el tratamiento por parte del responsable del tratamiento no pueden prevalecer sobre los intereses, derechos y libertades del interesado.

28. Señala la respuesta incorrecta. Conforme al artículo 22 del RGPD, en caso de que las decisiones individuales automatizadas sean necesarias para la ejecución de un contrato entre el interesado y un responsable del tratamiento, este deberá adoptar las medidas adecuadas para salvaguardar los derechos y libertades y los intereses legítimos del interesado, como mínimo el derecho:

a) A ser indemnizado.

b) A obtener intervención humana por parte del responsable.

c) A expresar su punto de vista.

d) A impugnar la decisión.

29. El RGPD considera "destinatario":

a) A la persona física o jurídica, autoridad pública, servicio u otro organismo al que se comuniquen datos personales, siempre que se trate de un tercero.

b) A la persona física o jurídica, autoridad pública, servicio u otro organismo al que se comuniquen datos personales, se trate o no de un tercero.

c) A la autoridad pública que pueda recibir datos personales en el marco de una investigación concreta de conformidad con el Derecho de la Unión o de los Estados miembros.

d) A la persona física o jurídica, autoridad pública, servicio u organismo distinto del interesado, del responsable del tratamiento, del encargado del tratamiento y de las personas autorizadas para tratar los datos personales bajo la autoridad directa del responsable o del encargado.

30. El RGPD denomina a la autoridad pública independiente establecida por un Estado miembro:

a) Agencia Nacional de Protección de Datos.

b) Representante.

c) Autoridad de control.

d) Autoridad de referencia.

31. Las Administraciones Públicas incorporarán a los temarios de las pruebas de acceso a los cuerpos superiores y a aquellos en que habitualmente se desempeñen funciones que impliquen el acceso a datos personales materias relacionadas con la garantía de los derechos digitales y en particular:

a) El de protección de datos.

b) El de libertad de expresión.

c) El de protección de los menores.

d) El de seguridad de las comunicaciones.

32. Conforme al artículo 3 de la LO 3/2018, las personas vinculadas al fallecido por razones familiares o de hecho así como sus herederos:

a) No podrán dirigirse al responsable o encargado del tratamiento para solicitar el acceso a los datos personales de aquella, si no es por vía judicial.

b) Solo podrán dirigirse al encargado del tratamiento, siempre que sea con objeto de rectificar datos manifiestamente falsos.

c) Podrán dirigirse al responsable o encargado del tratamiento siempre que sea con objeto de solicitar la supresión de los datos personales de aquella sin posibilidad de acceder a ellos.

d) Podrán dirigirse al responsable o encargado del tratamiento al objeto de solicitar el acceso a los datos personales de aquella y, en su caso, su rectificación o supresión.

33. La Agencia Española de Protección de Datos:

a) Es un ente de derecho privado.

b) Actúa con sujeción a las instrucciones del Ministro de Justicia.

c) Tiene personalidad jurídica propia.

d) Tiene plena capacidad pública, pero no privada.

34. Sustituirá y auxiliará en el ejercicio de sus funciones a la Presidencia de la Agencia Española:

a) Un Vicepresidente.

b) Un Adjunto.

c) Un Delegado.

d) Un Director.

35. En relación con la inspección en materia de protección de datos, es cierto que:

a) Los funcionarios que desarrollen actividades de investigación tendrán la consideración de agentes de la autoridad en el ejercicio de sus funciones, y estarán obligados a guardar secreto sobre las informaciones que conozcan con ocasión de dicho ejercicio, incluso después de haber cesado en él.

b) La actividad de investigación de la Agencia Española de Protección de Datos se llevará a cabo necesariamente por los funcionarios de la Agencia.

c) En los casos de actuaciones conjuntas de investigación conforme a lo dispuesto en el artículo 62 del Reglamento (UE) 2016/679, el personal de las autoridades de control de otros Estados Miembros de Unión Europea que colabore con la Agencia ejercerá sus facultades con arreglo a lo previsto en su normativa propia, sin injerencia alguna por parte del personal de esta.

d) En ningún caso los poderes de investigación podrán suponer la entrada en domicilios particulares.

Solución al test n.º 16

1. c) La propia imagen.

2. b) Salvo resolución judicial.

3. c) No podrá ser restringida ni prohibida por motivos relacionados con la protección de las personas físicas en lo que respecta al tratamiento de datos personales.

4. d) Al tratamiento total o parcialmente automatizado de datos personales, así como al tratamiento no automatizado de datos personales contenidos o destinados a ser incluidos en un fichero.

5. a) Al tratamiento de datos personales que no tenga lugar en la Unión Europea en el contexto de las actividades de un establecimiento del responsable o del encargado en la Unión Europea.

6. d) Datos biométricos.

7. d) Principio de minimización de datos.

8. d) Quienes recopilen datos personales deben ser capaces de demostrar que el afectado les otorgó su consentimiento.

9. a) Al olvido.

10. c) 1 mes.

11. d) Transparente.

12. d) Podrán dirigirse al responsable o encargado del tratamiento al objeto de solicitar el acceso a los datos personales de aquella y, en su caso, su rectificación o supresión.

13. d) Son hábiles, excluyéndose del cómputo los sábados, los domingos y los declarados festivos.

14. c) Si se puede consentir libremente, del mismo modo, se puede retirar el consentimiento.

15. a) La formulación, el ejercicio o la defensa de reclamaciones.

16. d) Requiere que el tratamiento se efectúe por medios automatizados.

17. a) El interesado tendrá derecho a conocer si sus datos de carácter personal están siendo tratados, qué datos son objeto de dicho tratamiento, la finalidad del mismo, el origen de los citados datos y si se han comunicado o se van a comunicar a un tercero.

18. d) Sí, cuando lo solicite el interesado y se pueda demostrar su identidad por otros medios.

19. c) Otros dos meses.

20. a) Los demás interesados afectados por las decisiones.

21. c) Una declaración adicional.

22. c) El interesado se opone al tratamiento de datos personales que tiene por objeto la mercadotecnia directa.

23. d) Los datos personales sean necesarios para ejercer el derecho a la libertad de expresión e información.

24. b) El tratamiento sea necesario para la formulación, el ejercicio o la defensa de reclamaciones.

25. c) Cuando el interesado impugne la exactitud de los datos personales, durante un plazo que permita al responsable verificar la exactitud de los mismos.

26. d) No podrá afectar negativamente a los derechos y libertades de otros.

27. a) Cuando el tratamiento de datos personales tenga por objeto la mercadotecnia directa, el interesado tendrá derecho a oponerse en todo momento al tratamiento de los datos personales que le conciernan.

28. a) A ser indemnizado.

29. b) A la persona física o jurídica, autoridad pública, servicio u otro organismo al que se comuniquen datos personales, se trate o no de un tercero.

30. c) Autoridad de control.

31. a) El de protección de datos.

32. d) Podrán dirigirse al responsable o encargado del tratamiento al objeto de solicitar el acceso a los datos personales de aquella y, en su caso, su rectificación o supresión

33. c) Tiene personalidad jurídica propia.

34. b) Un Adjunto.

35. a) Los funcionarios que desarrollen actividades de investigación tendrán la consideración de agentes de la autoridad en el ejercicio de sus funciones, y estarán obligados a guardar secreto sobre las informaciones que conozcan con ocasión de dicho ejercicio, incluso después de haber cesado en él.

Políticas de Igualdad de Género. La Ley Orgánica para la igualdad efectiva de Mujeres y Hombres: principios generales. Acción administrativa para la igualdad. Igualdad y medios de comunicación. Igualdad de trato y de oportunidades en el ámbito laboral. El principio de igualdad en el empleo público

1. Según su artículo 1, la LO 3/2007 tiene por objeto hacer efectivo el derecho de:

a) Conciliación de la vida laboral y familiar de mujeres y hombres.
b) Igualdad de trato y de oportunidades entre mujeres y hombres.
c) Participación en los asuntos públicos en igualdad de condiciones.
d) No discriminación por razón de sexo.

2. Las obligaciones establecidas en la LO 3/2007 son de aplicación a:

a) A toda persona, física o jurídica, que se encuentre o actúe en territorio español, cualquiera que fuese su nacionalidad, domicilio o residencia.
b) A todos los ciudadanos españoles, ya sea en territorio español o territorio de cualquier país extranjero.
c) A toda persona, física o jurídica, que se encuentre o actúe en territorio español, con nacionalidad española.
d) A toda persona, física o jurídica, que resida en territorio español, cualquiera que fuese su nacionalidad.

3. Según el artículo 4 de la LO 3/2007, la igualdad de trato y de oportunidades entre mujeres y hombres:

a) Es un deber de las Administraciones Públicas.
b) Es una fuente formal del Derecho.
c) Es un principio informador del ordenamiento jurídico.
d) Es un objetivo fundamental del procedimiento administrativo.

4. El principio de igualdad de trato y de oportunidades entre mujeres y hombres:

a) Solo se aplica en el ámbito del empleo público.
b) Se garantizará incluso en el acceso al trabajo por cuenta propia.
c) No se aplica en la afiliación y participación en organizaciones sindicales o empresariales.
d) Se garantizará en los términos que prevean los convenios colectivos.

5. La situación en que se encuentra una persona que sea, haya sido o pudiera ser tratada, en atención a su sexo, de manera menos favorable que otra en situación comparable, se considera:

a) Discriminación directa.
b) Acoso sexual.
c) Discriminación indirecta.
d) Violencia de género.

6. En virtud del artículo 6.2 de la LO 3/2007, la situación en que una disposición, criterio o práctica aparentemente neutros pone a personas de un sexo en desventaja particular con respecto a personas del otro:

a) En cualquier caso constituirá discriminación directa.
b) En cualquier caso constituirá discriminación indirecta.
c) No se considera discriminación indirecta si dicha disposición, criterio o práctica pueden justificarse objetivamente en atención a una finalidad legítima y los medios para alcanzar dicha finalidad son necesarios y adecuados.
d) En ningún caso podrá considerarse discriminación.

7. Conforme al artículo 6.3 de la LO 3/2007, toda orden de discriminar por razón de sexo:

a) Solo se considera discriminatoria si se ordena discriminar directamente.
b) En ningún caso se puede considerar discriminatoria.
c) Solo se considera discriminatoria si ordena una discriminación indirecta.
d) En cualquier caso se considera discriminatoria, sea directa o indirecta.

8. A los efectos de la LO 3/2007, definimos como acoso sexual:

a) Cualquier comportamiento realizado en función del sexo de una persona, con el propósito o el efecto de atentar contra su dignidad y de crear un entorno intimidatorio, degradante u ofensivo.
b) La situación en que una disposición, criterio o práctica aparentemente neutros pone a personas de un sexo en desventaja particular con respecto a personas del otro, salvo que dicha disposición, criterio o práctica puedan justificarse objetivamente en atención a una finalidad legítima y que los medios para alcanzar dicha finalidad sean necesarios y adecuados.

c) Todo trato desfavorable a las mujeres relacionado con el embarazo o la maternidad.

d) Cualquier comportamiento, verbal o físico, de naturaleza sexual que tenga el propósito o produzca el efecto de atentar contra la dignidad de una persona, en particular cuando se crea un entorno intimidatorio, degradante u ofensivo.

9. Según el artículo 8 de la LO 3/2007, todo trato desfavorable a las mujeres relacionado con el embarazo o la maternidad constituye:

a) Acoso sexual.
b) Acoso por razón de sexo.
c) Discriminación directa por razón de sexo.
d) Discriminación indirecta por razón de sexo.

10. Conforme al artículo 7.4 de la LO 3/2007, el condicionamiento de un derecho o de una expectativa de derecho a la aceptación de una situación constitutiva de acoso sexual o de acoso por razón de sexo se considerará:

a) Acto de discriminación por razón de sexo.
b) Creación de un entorno intimidatorio, degradante u ofensivo.
c) Anulable y sin efecto.
d) Indemnizable.

11. En virtud del artículo 9 de la LO 3/2007, cualquier trato adverso o efecto negativo que se produzca en una persona como consecuencia de la presentación por su parte de queja, reclamación, denuncia, demanda o recurso, de cualquier tipo, destinados a impedir su discriminación y a exigir el cumplimiento efectivo del principio de igualdad de trato entre mujeres y hombres, se considerará:

a) Discriminación directa.
b) Discriminación por razón de sexo.
c) Injustificado.
d) Acoso sexual.

12. Según el artículo 10 de la LO 3/2007, los actos y las cláusulas de los negocios jurídicos que constituyan o causen discriminación por razón de sexo se considerarán:

a) Válidos, pero anulables.
b) Nulos y sin efecto.
c) Ilegales.
d) Nulos, pero con efectos.

13. Conforme al artículo 12 de la LO 3/2007, cualquier persona podrá recabar de los tribunales la tutela del derecho a la igualdad entre mujeres y hombres, de acuerdo con lo establecido en el artículo 53.2 de la Constitución:

a) Siempre que la relación en la que supuestamente se produce la discriminación se encuentre vigente.

b) Incluso tras la terminación de la relación en la que supuestamente se ha producido la discriminación.

c) Siempre que se haya dado por terminada la relación en la que supuestamente se produce la discriminación.

d) A menos que se haya procedido a la suspensión de la relación en la que supuestamente se produce la discriminación.

14. La capacidad y la legitimación para intervenir en los procesos civiles, sociales y contencioso-administrativos que versen sobre la defensa del derecho de igualdad entre mujeres y hombres, corresponden a:

a) La persona acosada, únicamente.

b) Cualquier ciudadano.

c) Las personas físicas y jurídicas con interés legítimo.

d) Cualquier persona jurídica.

15. La persona acosada será la única legitimada en los litigios:

a) Sobre discriminación directa.

b) Sobre acoso sexual y acoso por razón de sexo.

c) Sobre acoso sexual únicamente.

d) Únicamente sobre acoso por razón de sexo.

16. De acuerdo con las leyes procesales, en aquellos procedimientos en los que las alegaciones de la parte actora se fundamenten en actuaciones discriminatorias, por razón de sexo, corresponderá a la persona demandada probar la ausencia de discriminación en las medidas adoptadas y su proporcionalidad. A tales efectos, el órgano judicial:

a) A instancia de parte, podrá recabar, si lo estimase útil y pertinente, informe o dictamen de los organismos públicos competentes.

b) Deberá recabar informe o dictamen de los organismos públicos competentes.

c) De oficio, podrá recabar, si lo estimase útil y pertinente, informe o dictamen de los organismos públicos competentes.

d) De oficio o a instancia de parte, podrá recabar, si lo estimase útil y pertinente, informe o dictamen de los organismos públicos competentes.

17. El artículo 14 de la LO 3/2007 señala como uno de los criterios generales de actuación de los Poderes Públicos para el cumplimiento de los fines de esta ley, la participación equilibrada de mujeres y hombres en:

a) Los órganos colegiados de organismos públicos.

b) Los órganos directivos de las empresas de más de 250 trabajadores.

c) Los tribunales de selección y de decisión.
d) Las candidaturas electorales y en la toma de decisiones.

18. Según el artículo 15 de la LO 3/2007, el principio de igualdad de trato y oportunidades entre mujeres y hombres informará la actuación de todos los Poderes Públicos, con carácter:

a) General.
b) Transversal.
c) Integral.
d) Global.

19. Según el artículo 15 de la Ley para la Igualdad efectiva entre Mujeres y Hombres, el principio de igualdad de trato y oportunidades informará la actuación de todos los poderes públicos:

a) Con carácter transversal.
b) De forma equilibrada.
c) Solo cuando se trate de colectivos de especial vulnerabilidad o de violencia de hecho.
d) Con carácter no vinculante.

20. Conforme al artículo 15 de la LO 3/2007, las Administraciones Públicas integrarán el principio de igualdad de trato y oportunidades entre hombres y mujeres en la adopción y ejecución de sus disposiciones normativas, en la definición y presupuestación de políticas públicas en todos los ámbitos y en el desarrollo del conjunto de todas sus actividades, de forma:

a) Activa.
b) Inteligente.
c) Visible.
d) Coordinada.

21. Según el artículo 16 de la LO 3/2007, los poderes públicos:

a) Procurarán atender al principio de presencia equilibrada de mujeres y hombres en los nombramientos y designaciones de los cargos de responsabilidad que les correspondan.
b) Podrán atender al principio de presencia equilibrada de mujeres y hombres en los nombramientos y designaciones de los cargos de responsabilidad que les correspondan.
c) Deberán atender al principio de presencia equilibrada de mujeres y hombres en los nombramientos y designaciones de los cargos de responsabilidad que les correspondan.
d) Obligarán atender al principio de presencia equilibrada de mujeres y hombres en los nombramientos y designaciones de los cargos de responsabilidad que les correspondan.

22. Según el artículo 17 de la LO 3/2007, el Gobierno, en las materias que sean de la competencia del Estado, aprobará un Plan Estratégico de Igualdad de Oportunidades:

a) Anualmente.
b) Bianualmente.
c) Cada cuatro años.
d) Periódicamente.

23. El artículo 18 de la LO 3/2007, exige al Gobierno la elaboración de un informe periódico sobre el conjunto de sus actuaciones en relación con la efectividad del principio de igualdad entre mujeres y hombres. Los términos en que se elaborarán estos informes se determinarán:

a) Por ley orgánica.
b) Por ley.
c) Reglamentariamente.
d) En una ley de bases.

24. El Gobierno dará cuenta del informe sobre el conjunto de sus actuaciones en relación con la efectividad del principio de igualdad entre mujeres y hombres:

a) Al Congreso de los Diputados.
b) A las Cortes Generales.
c) A las asociaciones y organizaciones de mujeres.
d) Al Defensor del Pueblo.

25. Los proyectos de disposiciones de carácter general y los planes de especial relevancia económica, social, cultural y artística que se sometan a la aprobación del Consejo de Ministros deberán incorporar:

a) Un Plan Estratégico de Igualdad de Oportunidades.
b) Una estadística o encuesta que posibilite el conocimiento de las diferencias en los valores, roles, situaciones y condiciones, de mujeres y hombres en el ámbito de acción del proyecto o plan.
c) Un informe periódico sobre el conjunto de sus actuaciones en relación con la efectividad del principio de igualdad entre mujeres y hombres.
d) Un informe sobre su impacto por razón de género.

26. El artículo 20 de la LO 3/2007, establece una serie de medidas obligatorias a las que se someterán los estudios y estadísticas que elaboren los poderes públicos. ¿Cuál de las siguientes es una de dichas medidas?

a) Excluir sistemáticamente la variable de sexo en las estadísticas, encuestas y recogida de datos que lleven a cabo.
b) Realizar muestras lo suficientemente amplias para evitar que las diversas variables incluidas puedan ser explotadas y analizadas en función de la variable de sexo.

c) Explotar los datos de que disponen de modo que se puedan conocer las diferentes situaciones, condiciones, aspiraciones y necesidades de mujeres y hombres en los diferentes ámbitos de intervención.

d) Establecer e incluir en las operaciones estadísticas nuevos indicadores que posibiliten un mejor conocimiento de las similitudes en los valores, roles, situaciones, condiciones, aspiraciones y necesidades de mujeres y hombres.

27. Conforme al artículo 21 de la LO 3/2007, la Administración General del Estado y las Administraciones de las Comunidades Autónomas cooperarán para integrar el derecho de igualdad entre mujeres y hombres en el ejercicio de sus respectivas competencias y, en especial, en sus actuaciones de:

a) Supervisión.
b) Planificación.
c) Regulación.
d) Dirección.

28. Conforme al artículo 22 de la LO 3/2007, las corporaciones locales, con el fin de avanzar hacia un reparto equitativo de los tiempos entre mujeres y hombres, podrán establecer:

a) Planes Municipales de Empleo con perspectiva de género.
b) Ordenanzas de regulación del tiempo.
c) Ordenanzas o Edictos de representación equilibrada en los tiempos de la ciudad.
d) Planes Municipales de organización del tiempo de la ciudad.

29. Conforme al artículo 26 de la LO 3/2007, los distintos organismos, agencias, entes y demás estructuras de las administraciones públicas que de modo directo o indirecto configuren el sistema de gestión cultural, desarrollarán, entre otras actuaciones, la adopción de iniciativas destinadas a favorecer la promoción específica de las mujeres en la cultura y a combatir su discriminación estructural y/o:

a) Difusa.
b) Generacional.
c) Ambigua.
d) Encubierta.

30. Según el artículo 39.2 de la LO 3/2007, las Administraciones públicas promoverán la adopción por parte de los medios de comunicación, para contribuir al cumplimiento de la legislación en materia de igualdad entre mujeres y hombres, incluyendo las actividades de venta y publicidad que en aquellos se desarrollen:

a) Pactos de no agresión.
b) Reglamentos de uso no sexista del lenguaje.
c) Códigos de conducta.
d) Acuerdos de autorregulación.

31. Conforme al artículo 42.1 de la LO 3/2007, las políticas de empleo tendrán como uno de sus objetivos prioritarios aumentar la participación de las mujeres en el mercado de trabajo y avanzar en la igualdad efectiva entre mujeres y hombres. Para ello, se mejorará la empleabilidad y la permanencia en el empleo de las mujeres, potenciando su nivel formativo y su:

a) Adaptabilidad a los requerimientos del mercado de trabajo.
b) Conciliación con la vida personal y familiar.
c) Presencia en los órganos directivos de las empresas.
d) Representación en los órganos de decisión.

32. Los Programas de Inserción Laboral activa comprenderán:

a) Todos los estatus sociales de las mujeres.
b) Todos los niveles educativos y edad de las mujeres.
c) Todos los estados civiles de las mujeres.
d) Los niveles educativos más básicos de las mujeres.

33. Se definen como "un conjunto ordenado de medidas, adoptadas después de realizar un diagnóstico de situación, tendentes a alcanzar en la empresa la igualdad de trato y de oportunidades entre mujeres y hombres y a eliminar la discriminación por razón de sexo":

a) Los programas de mejora de la empleabilidad de las mujeres.
b) Las medidas de acción positiva para favorecer el acceso de las mujeres al empleo y la aplicación efectiva del principio de igualdad de trato y no discriminación en las condiciones de trabajo.
c) Los protocolos de actuación frente al acoso sexual y al acoso por razón de sexo.
d) Los planes de igualdad de las empresas.

34. Según la disposición transitoria 12ª de la LO 3/2007, a partir del 7 de marzo de 2022 están obligadas a implantar planes de igualdad las empresas con un número de trabajadores superior a:

a) 50 trabajadores.
b) 100 trabajadores.
c) 200 trabajadores.
d) 250 trabajadores.

35. Conforme al artículo 51 de la LO 3/2007, las Administraciones Públicas, en el ámbito de sus respectivas competencias y en aplicación del principio de igualdad entre mujeres y hombres, deberán facilitar la conciliación de la vida personal, familiar y laboral, sin menoscabo de:

a) La promoción profesional.
b) La evaluación periódica del desempeño.
c) Las retribuciones salariales.
d) La presencia equilibrada de mujeres y hombres en los órganos de selección y valoración.

Solución al test n.º 17

1. b) Igualdad de trato y de oportunidades entre mujeres y hombres.

2. a) A toda persona, física o jurídica, que se encuentre o actúe en territorio español, cualquiera que fuese su nacionalidad, domicilio o residencia.

3. c) Es un principio informador del ordenamiento jurídico.

4. b) Se garantizará incluso en el acceso al trabajo por cuenta propia.

5. a) Discriminación directa.

6. c) No se considera discriminación indirecta si dicha disposición, criterio o práctica pueden justificarse objetivamente en atención a una finalidad legítima y los medios para alcanzar dicha finalidad son necesarios y adecuados.

7. d) En cualquier caso se considera discriminatoria, sea directa o indirecta.

8. d) Cualquier comportamiento, verbal o físico, de naturaleza sexual que tenga el propósito o produzca el efecto de atentar contra la dignidad de una persona, en particular cuando se crea un entorno intimidatorio, degradante u ofensivo.

9. c) Discriminación directa por razón de sexo.

10. a) Acto de discriminación por razón de sexo.

11. b) Discriminación por razón de sexo.

12. b) Nulos y sin efecto.

13. b) Incluso tras la terminación de la relación en la que supuestamente se ha producido la discriminación.

14. c) Las personas físicas y jurídicas con interés legítimo.

15. b) Sobre acoso sexual y acoso por razón de sexo.

16. a) A instancia de parte, podrá recabar, si lo estimase útil y pertinente, informe o dictamen de los organismos públicos competentes.

17. d) Las candidaturas electorales y en la toma de decisiones.

18. b) Transversal.

19. a) Con carácter transversal.

20. a) Activa.

21. a) Procurarán atender al principio de presencia equilibrada de mujeres y hombres en los nombramientos y designaciones de los cargos de responsabilidad que les correspondan.

22. d) Periódicamente.

23. c) Reglamentariamente.

24. b) A las Cortes Generales.

25. d) Un informe sobre su impacto por razón de género.

26. c) Explotar los datos de que disponen de modo que se puedan conocer las diferentes situaciones, condiciones, aspiraciones y necesidades de mujeres y hombres en los diferentes ámbitos de intervención.

27. b) Planificación.

28. d) Planes Municipales de organización del tiempo de la ciudad.

29. a) Difusa.

30. d) Acuerdos de autorregulación.

31. a) Adaptabilidad a los requerimientos del mercado de trabajo.

32. b) Todos los niveles educativos y edad de las mujeres.

33. d) Los planes de igualdad de las empresas.

34. a) 50 trabajadores.

35. a) La promoción profesional.

TEST N.º 18

La Ley de Transparencia, acceso a la información pública y buen gobierno. El derecho de acceso a la información pública. Buen Gobierno. El Consejo de Transparencia y buen gobierno

1. La cualidad que permite y facilita el acceso de los ciudadanos a la información pública en poder de la Administración dentro de los límites establecidos por la legislación vigente, se conoce como:

a) Accesibilidad.
b) Transparencia.
c) Objetividad.
d) Buen gobierno.

2. En el Capítulo I del Título I: "Transparencia de la actividad pública" de la Ley 19/2013, concretamente en el art. 3, se señala que serán objeto de aplicación de las disposiciones las entidades privadas:

a) En cuyo capital social la participación, directa o indirecta, sea superior al 50 por 100.
b) Que perciban durante el período de un año ayudas o subvenciones públicas en una cuantía superior a 100.000 euros o cuando al menos el 40% del total de sus ingresos anuales tengan carácter de ayuda o subvención pública, siempre que alcancen como mínimo la cantidad de 5.000 euros.
c) Con personalidad jurídica propia, vinculadas a cualquiera de las Administraciones Públicas o dependientes de ellas.
d) Que tengan atribuidas funciones de regulación o supervisión de carácter externo sobre un determinado sector o actividad.

3. En virtud del artículo 5.3 de la Ley 19/2013, cuando la información pública contuviera datos especialmente protegidos, la publicidad solo se llevará a cabo:

a) Previa disociación de los mismos.
b) Previo consentimiento de los afectados.
c) De forma personalizada.
d) De forma codificada.

4. En relación a la información institucional, organizativa y de planificación, el artículo 6 de la Ley 19/2013 dispone que:

a) Todos los empleados públicos deberán publicar información relativa a las funciones que desarrollan.

b) Las Administraciones Públicas publicarán los planes y programas anuales y plurianuales en los que se fijen objetivos concretos, así como las actividades, medios y tiempo previsto para su consecución.

c) El grado de cumplimiento y resultados de los planes y programas anuales y plurianuales de las Administraciones Públicas en los que se fijen objetivos concretos deberán ser objeto de evaluación y publicación periódica junto con los indicadores de medida y valoración, en la forma en que se determine por la Administración General del Estado.

d) En el ámbito de la Administración General del Estado corresponde a las secretarías generales la evaluación del cumplimiento de estos planes y programas.

5. Según el artículo 7 de la Ley 19/2013, de 9 de diciembre, de transparencia, acceso a la información pública y buen gobierno, relativo a la información de relevancia jurídica:

a) Las Administraciones Públicas, en el ámbito de sus competencias, publicarán los proyectos de Reglamento cuya iniciativa les corresponda.

b) Las Administraciones Públicas, en el ámbito de sus competencias, no publicarán los proyectos de Reglamento cuya iniciativa les corresponda.

c) Las Administraciones Públicas, en el ámbito de sus competencias, no podrán publicar los Anteproyectos de Ley hasta su aprobación.

d) Las Administraciones Públicas no podrán publicar los proyectos de Decretos Legislativos cuando se soliciten los dictámenes a los órganos consultivos.

6. Conforme al artículo 8 de la Ley 19/2013, de 9 de diciembre, de transparencia, acceso a la información pública y buen gobierno, NO es necesario que los sujetos incluidos en el ámbito de aplicación de su título I deban hacer pública, la siguiente información relativa a los actos de gestión administrativa con repercusión económica o presupuestaria:

a) La relación de los convenios suscritos, con mención de las partes firmantes, su objeto, plazo de duración, modificaciones realizadas, obligados a la realización de las prestaciones y, en su caso, las obligaciones económicas convenidas.

b) Las declaraciones anuales de bienes y actividades de los representantes locales, con especial referencia a los datos relativos a la localización concreta de los bienes inmuebles.

c) Las retribuciones percibidas anualmente por los altos cargos y máximos responsables de las entidades incluidas en el ámbito de la aplicación del citado título I. Igualmente, se harán públicas las indemnizaciones percibidas, en su caso, con ocasión del abandono del cargo.

d) Las resoluciones de autorización o reconocimiento de compatibilidad que afecten a los empleados públicos así como las que autoricen el ejercicio de actividad privada al cese de los altos cargos de la Administración General del Estado o asimilados según la normativa autonómica o local.

7. En virtud del artículo 11 de la Ley 19/2013, de 9 de diciembre, de transparencia, acceso a la información pública y buen gobierno, el Portal de la Transparencia proporcionará información estructurada sobre los documentos y recursos de información con vistas a facilitar la identificación y búsqueda de la información, en base al principio de:

a) Interoperabilidad.
b) Accesibilidad.
c) Reutilización.
d) Disponibilidad.

8. La iniciativa normativa de las Administraciones Públicas debe evitar cargas administrativas innecesarias o accesorias y racionalizar la gestión de los recursos públicos, en aplicación del principio de:

a) Accesibilidad.
b) Eficacia.
c) Simplicidad.
d) Seguridad jurídica.

9. El cumplimiento de las obligaciones derivadas de la Ley 19/2013, de 9 de diciembre, de transparencia, acceso a la información pública y buen gobierno, podrá realizarse utilizando los medios electrónicos puestos a su disposición por la Administración Pública de la que provenga la mayor parte de las ayudas o subvenciones públicas percibidas cuando se trate de entidades sin ánimo de lucro que persigan exclusivamente fines de interés social o cultural y cuyo presupuesto sea inferior a:

a) 50.000 euros.
b) 100.000 euros.
c) 200.000 euros.
d) 250.000 euros.

10. La transparencia de la actividad pública, respecto a la casa de su Majestad el Rey:

a) No se aplica.
b) Se aplica en todas sus actividades.
c) Se aplica en sus actividades sujetas al Derecho Administrativo.
d) Se aplica solo en sus actividades de índole política.

11. Para que se aplique la Ley 19/2013 a sociedades mercantiles, la participación en las mismas de entidades de Derecho Público debe ser superior al:

a) 10 por 100.
b) 20 por 100.
c) 50 por 100.
d) No se aplica en caso alguno dicha ley a este tipo de sociedades.

12. Qué define el artículo 13 de la Ley 19/2013 como, los contenidos o documentos, cualquiera que sea su formato o soporte, que obren en poder de alguno de los sujetos incluidos en el ámbito de aplicación de este título (título I) y que hayan sido elaborados o adquiridos en el ejercicio de sus funciones:

a) La información pública.
b) La publicidad activa.
c) La información de relevancia jurídica.
d) La información general.

13. A menos que el afectado hubiese hecho manifiestamente públicos los datos con anterioridad a que se solicitase el acceso, el acceso únicamente se podrá autorizar en caso de que se contase con el consentimiento expreso y por escrito del afectado, cuando:

a) La información contuviera datos personales que revelen la ideología, afiliación sindical, religión o creencias.
b) La información incluyese datos personales que hagan referencia al origen racial, a la salud o a la vida sexual.
c) La información contuviera datos relativos a la comisión de infracciones penales o administrativas que no conllevasen la amonestación pública al infractor.
d) La información incluyese datos genéticos o biométricos.

14. Si la información pública solicitada incluyese datos personales que hagan referencia a la salud:

a) Solo se concederá el acceso previa ponderación suficientemente razonada del interés público en la divulgación de la información y los derechos de los afectados cuyos datos aparezcan en la información solicitada.
b) Solo podrá autorizarse el acceso al propio afectado o a su representante.
c) Solo se podrá autorizar el acceso en caso de que se cuente con el consentimiento expreso del afectado.
d) Solo se podrá autorizar el acceso en caso de que se cuente con el consentimiento expreso del afectado o si el acceso estuviera amparado por una norma con rango de ley.

15. Según lo previsto en el artículo 18 de la Ley 19/2013, de 9 de diciembre, de transparencia, acceso a la información pública y buen gobierno, se inadmitirán a trámite, mediante resolución motivada, las solicitudes de acceso a la información:

a) Relativas a los intereses económicos y turísticos.
b) Relativas a la garantía de la confidencialidad o el secreto requerido en procesos de toma de decisión.
c) Relativas a información para cuya divulgación sea necesaria una acción previa de reelaboración.
d) Relativas a infraestructuras críticas.

16. No es una causa de inadmisión de las solicitudes de acceso a la información pública:

a) Que se refieran a información que esté en curso de elaboración o de publicación general.
b) Que se dirijan a un órgano en cuyo poder no obre la información.
c) Que sean manifiestamente repetitivas.
d) Que se refieran a información para cuya divulgación sea necesaria una acción previa de reelaboración.

17. Cuando la solicitud de información pública no identifique de forma suficiente la información, se pedirá al solicitante que la concrete en un plazo de:

a) 10 días.
b) 15 días.
c) 20 días.
d) 30 días.

18. En relación a la solicitud de acceso a la información pública, es cierto que:

a) Los solicitantes de información podrán dirigirse a las Administraciones Públicas en cualquiera de las lenguas cooficiales del Estado en el territorio en el que radique la Administración en cuestión.
b) El solicitante está obligado a motivar su solicitud de acceso a la información.
c) El solicitante podrá exponer los motivos por los que solicita la información, en cuyo caso deberán ser tenidos en cuenta cuando se dicte la resolución.
d) La ausencia de motivación será por si sola causa de rechazo de la solicitud.

19. Conforme al artículo 18.1 de la Ley 19/2013, las solicitudes referidas a información que tenga carácter auxiliar o de apoyo como la contenida en notas, borradores, opiniones, resúmenes, comunicaciones e informes internos o entre órganos o entidades administrativas:

a) Están obligadas a indicar el motivo de la solicitud.
b) Se admitirán previa ponderación suficientemente razonada del interés público en la divulgación de la información.
c) Se inadmitirán a trámite, mediante resolución motivada.
d) Se entenderán dotadas de un carácter abusivo no justificado con la finalidad de transparencia de esta Ley.

20. Según el artículo 19.3 de la Ley 19/2013, si la información solicitada pudiera afectar a derechos o intereses de terceros, debidamente identificados, se les concederá un plazo, para que puedan realizar las alegaciones que estimen oportunas, de:

a) Siete días.
b) Diez días.
c) Quince días.
d) Veinte días.

21. La resolución en la que se conceda o deniegue el acceso a información pública deberá notificarse al solicitante y a los terceros afectados que así lo hayan solicitado en el plazo máximo, desde la recepción de la solicitud por el órgano competente para resolver, de:

a) 10 días.
b) 15 días.
c) 20 días.
d) 1 mes.

22. El acceso a la información pública se realizará preferentemente por vía electrónica, salvo cuando no sea posible o el solicitante haya señalado expresamente otro medio. Cuando no pueda darse el acceso en el momento de la notificación de la resolución deberá otorgarse, en cualquier caso, en un plazo no superior a:

a) 5 días.
b) 7 días.
c) 10 días.
d) 15 días.

23. La motivación de una solicitud de acceso a la información, según la Ley 19/2013:

a) Es requisito ineludible para que se facilite la información.
b) Será causa de rechazo de la solicitud.
c) Las dos respuestas anteriores son ciertas.
d) Se deja a la decisión del solicitante.

24. El acceso a la información pública requiere:

a) Solicitud previa.
b) Acreditación de la condición de interesado.
c) Motivación expresa.
d) La utilización de medios telemáticos.

25. Cuando la información pública solicitada no contuviera datos especialmente protegidos, el órgano al que se dirija la solicitud concederá el acceso previa .... suficientemente razonada del interés público en la divulgación de la información y los derechos de los afectados cuyos datos aparezcan en la información solicitada, en particular su derecho fundamental a la protección de datos de carácter personal. Señala la palabra que falta:

a) Catalogación.
b) Acreditación.
c) Ponderación.
d) Identificación.

26. Transcurrido el plazo máximo para resolver una solicitud de acceso a información pública sin que se haya dictado y notificado resolución expresa se entenderá:

a) Que la solicitud ha sido desestimada.
b) Que la solicitud se inadmitía a trámite.
c) Que el plazo para resolver queda prorrogado.
d) Que se suspende el plazo para dictar resolución.

27. En relación a la formalización del acceso a información pública, es cierto que:

a) El acceso a la información ha de realizarse por vía electrónica.
b) Si ha existido oposición de tercero, el acceso solo tendrá lugar cuando, habiéndose concedido dicho acceso, haya transcurrido el plazo para interponer recurso contencioso administrativo sin que se haya formalizado o haya sido resuelto confirmando el derecho a recibir la información.
c) Si la información ya ha sido publicada, la resolución se ha de limitar a indicar al solicitante cómo puede acceder a ella.
d) En todo caso, la expedición de copias o la trasposición de la información a un formato diferente al original dará lugar a la exigencia de exacciones en los términos previstos en la Ley 8/1989, de 13 de abril, de Tasas y Precios Públicos, o, en su caso, conforme a la normativa autonómica o local que resulte aplicable.

28. ¿Qué organismo público se crea por la Ley 19/2013, de 9 de diciembre, de transparencia, acceso a la información pública y buen gobierno con la finalidad de promover la transparencia de la actividad pública, velar por el cumplimiento de las obligaciones de publicidad, salvaguardar el ejercicio de derecho de acceso a la información pública y garantizar la observancia de las disposiciones de buen gobierno?

a) El Instituto Nacional de Ética y Gobernanza.
b) La Comisión Ministerial de Lucha contra la Corrupción.
c) La Inspección de Servicios Administrativos.
d) El Consejo de Transparencia y Buen Gobierno.

29. El incumplimiento reiterado de la obligación de resolver en plazo procedimientos de acceso a la información pública:

a) Tendrá la consideración de infracción grave.
b) Tendrá la consideración de infracción muy grave.
c) Tendrá la consideración de infracción leve.
d) No tendrá la consideración de infracción.

30. El incumplimiento reiterado de las obligaciones de publicidad activa reguladas en el capítulo II del título I de la Ley 19/2013, de 9 de diciembre, de transparencia, acceso a la información pública y buen gobierno, tendrá la consideración, a los efectos de aplicación a sus responsables del régimen disciplinario previsto en la correspondiente normativa reguladora, de infracción:

a) Grave.
b) Leve.
c) Muy grave.
d) No constituye infracción administrativa.

31. Frente a toda resolución expresa o presunta en materia de acceso podrá interponerse una reclamación ante el Consejo de Transparencia y Buen Gobierno, previo a su impugnación en vía contencioso-administrativa, con carácter:

a) Preceptivo.
b) Potestativo.
c) Colectivo.
d) Extraordinario.

32. Según el artículo 24 de la Ley 19/2013, frente a toda resolución expresa o presunta en materia de acceso podrá interponerse una reclamación ante el Consejo de Transparencia y Buen Gobierno, con carácter potestativo y previo a su impugnación en vía contencioso-administrativa, en el plazo, a contar desde el día siguiente al de la notificación del acto impugnado o desde el día siguiente a aquel en que se produzcan los efectos del silencio administrativo, de:

a) Quince días.
b) Veinte días.
c) Un mes.
d) Tres meses.

33. El artículo 26 de la ley 19/2013 desglosa los principios de buen gobierno a los que someterán su actuación los miembros del Gobierno y los altos cargos. Entre los principios generales que señala figura:

a) No se implicarán en situaciones, actividades o intereses incompatibles con sus funciones y se abstendrán de intervenir en los asuntos en que concurra alguna causa que pueda afectar a su objetividad.
b) Guardarán la debida reserva respecto a los hechos o informaciones conocidos con motivo u ocasión del ejercicio de sus competencias.
c) Mantendrán una conducta digna y tratarán a los ciudadanos con esmerada corrección.
d) No aceptarán para sí regalos que superen los usos habituales, sociales o de cortesía, ni favores o servicios en condiciones ventajosas que puedan condicionar el desarrollo de sus funciones.

34. Con carácter previo a la elaboración de un proyecto o anteproyecto de ley o de un reglamento, se sustanciará una consulta pública, a través del portal web de la Administración competente en la que se recabará la opinión de los sujetos y de las organizaciones más representativas potencialmente afectados por la futura norma. La consulta pública podrá omitirse cuando la propuesta normativa:

a) Tenga un impacto significativo en la actividad económica.
b) Imponga obligaciones relevantes a los destinatarios.
c) Trate de normas presupuestarias u organizativas de la Administración Pública.
d) Regule aspectos parciales de una materia.

35. Según el artículo 28 de la Ley 19/2003, se considera una infracción muy grave:

a) El incumplimiento del deber de respeto a la Constitución y a los respectivos Estatutos de Autonomía de las Comunidades Autónomas y Ciudades de Ceuta y Melilla, en el ejercicio de sus funciones.
b) La omisión del trámite de intervención previa de los gastos, obligaciones o pagos, cuando esta resulte preceptiva o del procedimiento de resolución de discrepancias frente a los reparos suspensivos de la intervención, regulado en la normativa presupuestaria.
c) La publicación o utilización indebida de la documentación o información a que tengan o hayan tenido acceso por razón de su cargo o función.
d) La violación de la imparcialidad, utilizando las facultades atribuidas para influir en procesos electorales de cualquier naturaleza y ámbito.

36. Según el artículo 30 de la Ley 19/2013, de 9 de diciembre, de transparencia, acceso a la información pública y buen gobierno, los sancionados por la comisión de una infracción muy grave serán destituidos del cargo que ocupen salvo que ya hubiesen cesado y no podrán ser nombrados para ocupar ningún puesto de alto cargo o asimilado durante un periodo:

a) Entre cinco y diez años.
b) Entre dos y cinco años.
c) Entre tres y quince años.
d) No inferior a 10 años.

37. ¿Qué tipo de organismo público, en virtud de la Ley 40/2015, de 1 de octubre, de Régimen Jurídico del Sector Público, es el Consejo de Transparencia y Buen Gobierno?

a) Autoridad administrativa independiente de ámbito estatal.
b) Sociedad mercantil estatal.
c) Entidad pública empresarial de ámbito estatal.
d) Organismo autónomo.

38. Según el artículo 38 de la Ley 19/2013, en materia de transparencia, acceso a la información pública y buen gobierno, el Consejo de Transparencia y Buen Gobierno tiene encomendada la función de:

a) Informar.
b) Asesorar.
c) Promover.
d) Colaborar.

39. Según el artículo 36 de la Ley 19/2013, ¿cuántos miembros tiene la Comisión de Transparencia y Buen Gobierno?

a) Ocho.
b) Doce.
c) Quince.
d) Veinte.

40. El Presidente del Consejo de Transparencia y Buen Gobierno será nombrado mediante Real Decreto por un período no renovable de:

a) Tres años.
b) Cuatro años.
c) Cinco años.
d) Siete años.

Solución al test n.º 18

1. b) Transparencia.

2. b) Que perciban durante el período de un año ayudas o subvenciones públicas en una cuantía superior a 100.000 euros o cuando al menos el 40% del total de sus ingresos anuales tengan carácter de ayuda o subvención pública, siempre que alcancen como mínimo la cantidad de 5.000 euros.

3. a) Previa disociación de los mismos.

4. b) Las Administraciones Públicas publicarán los planes y programas anuales y plurianuales en los que se fijen objetivos concretos, así como las actividades, medios y tiempo previsto para su consecución.

5. a) Las Administraciones Públicas, en el ámbito de sus competencias, publicarán los proyectos de Reglamento cuya iniciativa les corresponda.

6. b) Las declaraciones anuales de bienes y actividades de los representantes locales, con especial referencia a los datos relativos a la localización concreta de los bienes inmuebles.

7. b) Accesibilidad.

8. b) Eficacia.

9. a) 50.000 euros.

10. c) Se aplica en sus actividades sujetas al Derecho Administrativo.

11. c) 50 por 100.

12. a) La información pública.

13. a) La información contuviera datos personales que revelen la ideología, afiliación sindical, religión o creencias.

14. d) Solo se podrá autorizar el acceso en caso de que se cuente con el consentimiento expreso del afectado o si el acceso estuviera amparado por una norma con rango de ley.

15. c) Relativas a información para cuya divulgación sea necesaria una acción previa de reelaboración.

16. b) Que se dirijan a un órgano en cuyo poder no obre la información.

17. a) 10 días.

18. a) Los solicitantes de información podrán dirigirse a las Administraciones Públicas en cualquiera de las lenguas cooficiales del Estado en el territorio en el que radique la Administración en cuestión.

19. c) Se inadmitirán a trámite, mediante resolución motivada.

20. c) Quince días.

21. d) 1 mes.

22. c) 10 días.

23. d) Se deja a la decisión del solicitante.

24. a) Solicitud previa.

25. c) Ponderación.

26. a) Que la solicitud ha sido desestimada.

27. b) Si ha existido oposición de tercero, el acceso solo tendrá lugar cuando, habiéndose concedido dicho acceso, haya transcurrido el plazo para interponer recurso contencioso administrativo sin que se haya formalizado o haya sido resuelto confirmando el derecho a recibir la información.

28. d) El Consejo de Transparencia y Buen Gobierno.

29. a) Tendrá la consideración de infracción grave.

30. a) Grave.

31. b) Potestativo.

32. c) Un mes.

33. c) Mantendrán una conducta digna y tratarán a los ciudadanos con esmerada corrección.

34. d) Regule aspectos parciales de una materia.

35. b) La omisión del trámite de intervención previa de los gastos, obligaciones o pagos, cuando esta resulte preceptiva o del procedimiento de resolución de discrepancias frente a los reparos suspensivos de la intervención, regulado en la normativa presupuestaria.

36. a) Entre cinco y diez años.

37. a) Autoridad administrativa independiente de ámbito estatal.

38. b) Asesorar.

39. a) Ocho.

40. c) Cinco años.

Correo Electrónico: Conceptos elementales y funcionamiento. Configuración del entorno de trabajo. Mensajes. Organizar: Bandejas, Carpetas, Etiquetas. Reglas. Contactos y Libreta de direcciones. Panel de lectura. Visualizar. Buscar

1. Di cuál es una dirección de correo válida:

a) persona@proveedorcom
b) www.proveedor.com
c) persona.proveedor.com
d) cta@cts.es.

2. La parte de la izquierda de una dirección de correo electrónico se denomina:

a) Dominio.
b) Organización.
c) Dominio de organización.
d) Nombre de Usuario.

3. ¿Cuál de las siguientes combinaciones de teclas es la que está asociada a "Responder a todos"?

a) Ctrl + R
b) Ctrl + Mayús+ R
c) Ctrl + F
d) Ctrl + U

4. Los clientes de correo POP:

a) Tienen que estar conectados todo el tiempo.
b) Los mensajes se descargan de golpe si están disponibles.
c) Los mensajes se descargan parcialmente aun sin estar disponibles.
d) Tienen que estar conectados a intervalos de 15'.

5. ¿Qué es un Hoax?

a) Un Bulo o Noticia falsa.
b) Suplantación de identidad.
c) Un virus.
d) Un error de configuración en el navegador.

6. El protocolo SMTP:

a) Permite recibir mensajes.
b) Permite enviar mensajes.
c) Permite enviar y recibir mensajes.
d) No es un protocolo.

7. Cuando un usuario envía un correo:

a) El mensaje se dirige primero hasta el buzón de correo de su proveedor de internet.
b) El mensaje se dirige primero hasta el buzón de correo del proveedor de internet del destinatario.
c) El mensaje se dirige primero hasta el buzón de correo del proveedor de internet del destinatario si es de tipo POP.
d) El mensaje se dirige primero hasta el buzón de correo del proveedor de internet del destinatario si es de tipo SMTP.

8. En Microsoft Outlook se pueden configurar:

a) Correos gratuitos.
b) Correos de proveedor de pago.
c) Tanto correos gratuitos como de proveedores de pago.
d) Correos de proveedor de pago, pero con licencia empresarial.

9. ¿Cuál de las siguientes expresiones no es correcta?

a) Los destinatarios incluidos en un campo CCO pueden recibir el correo y ver el resto de los destinatarios incluidos en los campos Para y CC, así como responderles.
b) Los destinatarios incluidos en un campo CCO no pueden ver a otros posibles destinatarios del campo CCO.
c) Ningún destinatario, independientemente del campo donde se encuentre, tendrá constancia de alguna dirección de correo electrónico incluida en CCO.
d) Solo los destinatarios del campo PARA podrán saber qué personas han recibido el mensaje en copia oculta.

10. La carpeta de correo no deseado o Spam contiene:

a) Correos recibidos con origen desconocido.
b) Correos enviados con destino sospechoso.

c) Correos recibidos o enviados con origen desconocido.

d) Correos enviados con destino sospechoso de los últimos 30 días.

11. Al pulsar la opción de imprimir de la ficha archivo, en Outlook, podemos elegir en la configuración entre "tabla" o "memorando"; ¿qué diferencia existe entre ambas opciones?

a) Tabla imprime la lista de correos y Memorando el correo seleccionado.

b) Tabla imprime el correo seleccionado y Memorando la lista de correos.

c) Tabla imprime el correo seleccionado y Memorando permite modificar la configuración de la impresión.

d) Tabla imprime el correo seleccionado en formato tabular y Memorando solo el asunto.

12. La opción "Responder a todos":

a) Responde al remitente y a los usuarios de la lista de contactos seleccionados previamente.

b) Responde al remitente y al resto de usuarios que estén en el mensaje.

c) Responde al remitente y solo a los usuarios del mensaje que estén en el CC.

d) Responde al remitente y solo a los usuarios del mensaje que estén en el "Para".

13. Los destinatarios del campo CC:

a) No son visibles para los del campo CCO.

b) Solo son visibles para los del campo PARA.

c) Solo son visibles para los del campo CC.

d) Son visibles para todos los destinatarios.

14. Las prioridades del mensaje pueden tener prioridad:

a) Alta y Media.

b) Alta, Media y Baja.

c) Alta y Baja.

d) Alta, Media y Normal.

15. La parte del entorno que permite ver una vista previa del correo seleccionado se llama:

a) Panel de lectura.

b) Visor de lectura.

c) Vista de lectura.

d) Panel de Vista.

16. Al reenviar un mensaje en el asunto aparecerá:

a) RE:

b) RW:

c) RS:
d) RV.

17. Las reglas de Outlook:

a) No pueden ejecutarse manualmente.
b) No pueden ejecutarse automáticamente.
c) Pueden ejecutarse manual o automáticamente.
d) No pueden ejecutarse manualmente, pero sí automáticamente.

18. Las reglas pueden aplicarse:

a) Solo para mensajes que se reciban.
b) Solo para mensajes que se envían.
c) Para mensajes que se envían o reciben.
d) Solo para mensajes que se envían de un determinado remitente.

19. La extensión de los archivos de archivado de mensajes es:

a) PST.
b) PTS.
c) PAT.
d) ICS.

20. El icono de seguimiento se corresponde en Outlook con:

a) Una flecha azul.
b) Una admiración roja.
c) Una bandera roja.
d) Una bandera azul.

21. La pestaña de ENVIAR y RECIBIR, solo aparece visible:

a) Cuando estamos redactando un correo nuevo.
b) Cuando estamos dentro de la opción de correo.
c) Cuando tenemos marcado un correo de la bandeja de salida.
d) Ninguna es correcta.

22. Los mensajes no leídos:

a) Aparecen en fondo azul.
b) Tienen una banderita de color rojo.
c) Aparece un sobre abierto en azul.
d) Ninguna es correcta.

23. Al usar la opción de RESPONDER a TODOS:

a) No podemos usar el CCO.
b) Solo podemos usar el PARA y el CCO.
c) Podemos usar PARA, CC y CCO.
d) Ninguna es correcta.

24. La longitud máxima de una dirección de correo electrónica es de:

a) 400.
b) 250.
c) 254.
d) 350.

25. La longitud mínima de un correo electrónico es de:

a) 6.
b) 4.
c) 3.
d) 10.

26. ¿Cuál de loas siguientes combinaciones de teclas es la que está asociada a "Responder"?

a) Ctrl + R
b) Ctrl + Mayuús+ R
c) Ctrl + F
d) Ctrl + U

27. En Outlook 365, ¿cuál es la nomenclatura correcta para el objeto usado para enviar un correo a varias personas:?

a) Lista de usuarios.
b) Grupo de usuarios.
c) Grupo de contactos.
d) Lista de distribución.

28. ¿Cuál de las siguientes combinaciones de teclas es la que está asociada a "Reenviar"?

a) Ctrl + R
b) Ctrl + Mayús+ R
c) Ctrl + F
d) Ctrl + U

29. Sobre el correo electrónico indica cuál de las siguientes afirmaciones es falsa:

a) En el envío y recepción de un correo electrónico no es necesario que el emisor y receptor se encuentren conectados simultáneamente.

b) Entre otros, algunos de los protocolos que intervienen en la emisión y recepción son MIME, SMTP y POP3.

c) El uso de un cliente de correo tipo webmail requiere tener instalado el protocolo POP3 en el equipo local donde se utilice ese cliente web mail.

d) Existen herramientas que inspeccionan los correos electrónicos recibidos e intentan determinar si se trata de un correo basura o spam.

30. En Outlook 365 de forma predeterminada en la característica de correo, ¿en qué pestaña y grupo de comandos se encuentra el comando nuevo mensaje de correo electrónico?

a) Pestaña enviar y recibir y grupo enviar.

b) Pestaña inicio y grupo enviar y recibir.

c) Pestaña enviar y recibir y grupo nuevo.

d) Pestaña inicio y grupo nuevo.

31. En Outlook 365, sobre el envío respuesta y reenvío, ¿cuál de las siguientes afirmaciones es falsa?

a) Al responder a un mensaje se agrega el prefijo RE: a la línea del asunto.

b) Al responder a un mensaje los datos adjuntos al mensaje original se incluyen en la respuesta.

c) Al reenviar un mensaje se agrega el prefijo RV: a la línea de asunto.

d) Varios mensajes de correo electrónico se pueden reenviar como una colección en un solo mensaje.

32. En Outlook 365 de forma predeterminada en la característica de correo, ¿en qué pestaña y grupo de comandos se encuentra el comando Responder?

a) Pestaña Enviar y recibir y grupo Responder.

b) Pestaña Inicio y grupo Enviar y recibir.

c) Pestaña Enviar y recibir y Grupo Correo.

d) Pestaña Inicio y grupo Responder.

Solución al test n.º 19

1. d) cta@cts.es.

2. d) Nombre de Usuario.

3. b) Ctrl + Mayús+ R

4. b) Los mensajes se descargan de golpe si están disponibles.

5. a) Un Bulo o Noticia falsa.

6. b) Permite enviar mensajes.

7. a) El mensaje se dirige primero hasta el buzón de correo de su proveedor de internet.

8. c) Tanto correos gratuitos como de proveedores de pago.

9. d) Solo los destinatarios del campo PARA podrán saber qué personas han recibido el mensaje en copia oculta.

10. a) Correos recibidos con origen desconocido.

11. a) Tabla imprime la lista de correos y Memorando el correo seleccionado.

12. b) Responde al remitente y al resto de usuarios que estén en el mensaje.

13. d) Son visibles para todos los destinatarios.

14. c) Alta y Baja.

15. a) Panel de lectura.

16. d) RV.

17. c) Pueden ejecutarse manual o automáticamente.

18. c) Para mensajes que se envían o reciben.

19. a) PST.

20. c) Una bandera roja.

21. b) Cuando estamos dentro de la opción de correo.

22. d) Ninguna es correcta.

23. c) Podemos usar PARA, CC y CCO.

24. c) 254.

25. a) 6.

26. a) Ctrl + R

27. c) Grupo de contactos.

28. c) Ctrl + F

29. c) El uso de un cliente de correo tipo webmail requiere tener instalado el protocolo POP3 en el equipo local donde se utilice ese cliente web mail.

30. d) Pestaña inicio y grupo nuevo.

31. b) Al responder a un mensaje los datos adjuntos al mensaje original se incluyen en la respuesta.

32. d) Pestaña inicio y grupo Responder.

Procesadores de texto: Microsoft Word. Principales funciones y utilidades. Creación, modificación, guardado y borrado de documentos. Configuración del entorno de trabajo. Plantillas. Tablas. Correspondencia. Visualizar. Imprimir. Revisar. Referencias. Configuración de documentos

1. ¿Desde qué pestaña de la cinta de opciones de Word podremos comparar dos versiones de un documento?

a) Inicio.
b) Referencias.
c) Word no nos permite realizar esa acción.
d) Revisar.

2. ¿Cuál de las siguientes relaciones entre opción y grupo no es correcta?

a) Tachado y Fuente.
b) Interlineado y Párrafo.
c) Espaciado y (Párrafo +Fuente).
d) Hipervínculo (Referencias).

3. La alineación es un comando de Word 365 que afecta a:

a) La selección de texto.
b) La dirección del texto.
c) El interlineado del texto.
d) Los párrafos.

4. ¿En qué ficha y grupo está la opción para utilizar las tabulaciones?

a) Insertar / Tabulaciones.
b) Inicio / Párrafo/ botón cuadro dialogo Párrafo.
c) Inicio / formato / Tabulaciones.
d) Inicio / Tabulaciones.

5. En Word, ¿cuál es la diferencia entre pulsar INTRO y pulsar las teclas Mayúsculas + Intro ?

a) Intro indica párrafo nuevo, y Mayúsculas + Intro indica salto de línea.
b) No hay diferencias para Word.
c) Intro indica párrafo nuevo, y Mayúsculas + Intro indica salto de sección.
d) Intro indica salto de línea nuevo, y Mayúsculas + Intro indica salto de sección.

6. El botón Borrar Formato en Word:

a) Borra todo el Formato de la selección.
b) Deja el texto sin formato y lo elimina.
c) Funciona haciendo doble clic.
d) Ese botón existe en Excel pero no en Word.

7. Los sangrados en Word:

a) Definen el límite izquierdo de los párrafos de un documento, pero no el derecho.
b) Definen el límite derecho de los párrafos de un documento, pero no el izquierdo.
c) Definen el límite izquierdo y el límite derecho de los párrafos de un documento.
d) Definen el límite izquierdo de los párrafos de un documento y el estado de la primera línea de cada uno.

8. La carta modelo en un proceso de combinar correspondencia de Word:

a) Tendrá la tabla de datos para combinar.
b) No tendrá los campos de combinación.
c) Incluirá el texto que no varía.
d) Tendrá tantas hojas como datos se combinen.

9. El método más rápido para acceder a las opciones de la cinta de opciones de Word 365 es hacer un clic con el ratón sobre ellas; si queremos acceder a las distintas opciones de los paneles y menús a partir del teclado, podemos pulsar la tecla:

a) F1.
b) Shift.
c) Ctrl.
d) Alt.

10. La combinación de teclas para la alineación centrada es:

a) Ctrl + T
b) Ctrl + Q
c) Ctrl + J
d) Ctrl + Alt + C

11. El interlineado se puede definir como:

a) El espacio que hay entre los párrafos de un documento.
b) El espacio que hay entre los caracteres de un párrafo.
c) El espacio que hay entre los párrafos seleccionados.
d) El espacio que hay entre una y otra línea de un mismo párrafo.

12. ¿En qué menú de Word 365 se encuentra la opción Marcas de Agua?

a) Insertar.
b) Diseño.
c) Disposición.
d) Inicio.

13. ¿Qué combinación de teclas divide la ventana de un documento?

a) Alt + Ctrl + R
b) Alt + Ctrl + V
c) Alt + Ctrl + I
d) Alt + Ctrl + D

14. La sangría francesa:

a) Controla el límite izquierdo de todas las líneas del párrafo menos la segunda.
b) Controla el límite izquierdo de todas las líneas del párrafo menos la última.
c) Controla el límite izquierdo de todas las líneas del párrafo menos la primera.
d) Controla el límite derecho de todas las líneas del párrafo menos la segunda.

15. Para disminuir un nivel en una lista Multinivel de Word 365 pulsamos:

a) Mayúsculas + Control.
b) Mayúsculas + Ins.
c) Mayúsculas + L.
d) Ninguna es correcta.

16. ¿ Cuál es el valor máximo del porcentaje de Escala del espaciado de caracteres?

a) 400.
b) 600.
c) 200.
d) 1000.

17. ¿Cuál es la definición de tabulación de barra?

a) Alinea el texto tabulado del lado derecho.
b) Alinea los números decimales.

c) Dibuja una línea vertical en el documento.

d) Te permite insertar un marcador de sangría en la regla horizontal para alinear la primera línea de los párrafos del texto.

18. ¿Qué combinación de teclas inserta una nota al pie de página?

a) Ctrl + Alt + O

b) Ctrl + Alt + D

c) Ctrl + Alt + S

d) Ctrl + Alt + R

19. Un estilo de Word 365 puede ser:

a) De párrafo, carácter, imagen y tabla.

b) De párrafo, carácter, imagen y lista.

c) De párrafo, carácter, lista y tabla.

d) Ninguna es correcta.

20. La biblioteca de viñetas es:

a) El conjunto de viñetas usadas en el documento actual.

b) El conjunto de viñetas disponibles para usar.

c) El conjunto de viñetas de tipo párrafo.

d) El conjunto de viñetas de tipo true type.

21. ¿Cuál de las siguientes no es una alineación válida de una tabla en Word 365?

a) Ajustar a la izquierda.

b) Ajustar a la derecha.

c) Ajustar al centro.

d) Derecha.

22. ¿Cuál es la combinación de teclas en Word 365 que sirve para moverse una celda a la izquierda de la actual?

a) Alt + Tab.

b) Flecha izquierda.

c) Tab.

d) Mayúsc + Tab.

23. ¿Cuál de las siguientes afirmaciones es correcta en Word 365?

a) El botón *Combinar celdas* solo estará activo si hay más de una celda seleccionada en la tabla.

b) El botón *Combinar celdas* solo estará activo si hay una celda seleccionada en la tabla.

c) El botón *Combinar celdas* solo estará activo si hay menos de cinco celdas seleccionadas en la tabla.

d) El botón *Combinar celdas* solo estará activo si hay más de tres celdas seleccionada en la tabla.

24. Si estando situados en la última celda de la segunda fila de una tabla de Word 365 pulsamos la tecla *Tab*, ¿qué sucederá?

a) Si no estamos en la última fila, se creará una nueva fila.
b) Se desplazará a la celda siguiente siempre que no estemos en la penúltima columna.
c) Si es la última fila creará una nueva fila.
d) Se desplazará a la celda anterior.

25. ¿Cuál de los siguientes valores es un tipo correcto para usar en una columna de Word 365?

a) Párrafo.
b) Fecha/Hora.
c) Número.
d) Booleano.

26. ¿Cuántas opciones de cambio de dirección de texto tenemos en Word 365?

a) 2.
b) 4.
c) 5.
d) 3.

27. Si tenemos el siguiente texto "CARLOS,TOJEIRO,ALCALÁ,20,47 €,CALLE REAL 25,15002,A CORUÑA" y usamos la utilidad de convertir texto en tabla, con separador de ",", ¿cuántas columnas y filas nos ofrecerá por defecto?

a) 8 columnas y 1 fila.
b) 1 columna y 8 filas.
c) 7 columnas y 1 fila.
d) 1 columna y 7 filas.

28. La extensión de la plantilla por defecto en Word 365 es:

a) dotx
b) dotm
c) docx
d) dot

29. La combinación de teclas que crea un salto de línea manual es:

a) Control + Enter
b) Mayúsculas + Enter

c) Alt + Enter
d) Control + Alt + Enter

30. ¿Cuál de las siguientes es un ajuste válido del texto con respecto a una tabla en Word 365?

a) Alrededor.
b) Estrecho.
c) En línea con el texto.
d) Cuadrado.

31. ¿Cuántos tipos de tabulaciones y de rellenos en ellas, hay en Word 365?

a) 4 y 4.
b) 4 y 3.
c) 5 y 4.
d) 5 y 3.

32. ¿Cuál de las siguientes opciones son los saltos de sección correctos en Word 365?

a) Página Continua, De Página par, Página impar.
b) Página Siguiente, Columna, Página par, Página impar.
c) Página Siguiente, Continua, Página par, Página impar.
d) Página Siguiente, Continua, Columna, Ajuste de texto.

33. Indica cuál no es una opción válida de los tipos de efecto de texto en Word 365?

a) Reflejo.
b) Iluminado.
c) Bordes suaves.
d) Sombreado.

34. En Word 365, hay varios tipos de SmartArt, ¿cuál de los indicados a continuación NO es uno de ellos?

a) Ciclo.
b) Jerárquico.
c) Matriz.
d) Pirámide.

35. En Word 365, cuando insertamos una tabla, ¿cuál de las siguientes opciones no es un valor del autoajuste correcta?

a) Ancho de columna fijo.
b) Autoajustar al contenido.
c) Ancho de columna automático.
d) Autoajustar a la ventana.

Solución al test n.º 20

1. d) Revisar.

2. d) Hipervínculo (Referencias).

3. d) Los párrafos.

4. b) Inicio / Párrafo/ botón cuadro dialogo Párrafo.

5. a) Intro indica párrafo nuevo, y Mayúsculas + Intro indica salto de línea.

6. a) Borra todo el Formato de la selección.

7. c) Definen el límite izquierdo y el límite derecho de los párrafos de un documento.

8. c) Incluirá el texto que no varía.

9. d) Alt.

10. a) Ctrl + T

11. d) El espacio que hay entre una y otra línea de un mismo párrafo.

12. b) Diseño.

13. b) Alt + Ctrl + V

14. c) Controla el límite izquierdo de todas las líneas del párrafo menos la primera.

15. d) Ninguna es correcta.

16. b) 600.

17. c) Dibuja una línea vertical en el documento.

18. a) Ctrl + Alt + O

19. c) De párrafo, carácter, lista y tabla.

20. b) El conjunto de viñetas disponibles para usar.

21. b) Ajustar a la derecha.

22. d) Mayúsc + Tab.

23. a) El botón Combinar celdas solo estará activo si hay más de una celda seleccionada en la tabla.

24. c) Si es la última fila creará una nueva fila.

25. c) Número.

26. d) 3.

27. a) 8 columnas y 1 fila.

28. b) dotm

29. b) Mayúsculas + Enter

30. a) Alrededor.

31. d) 5 y 3.

32. c) Página Siguiente, Continua, Página par, Página impar.

33. d) Sombreado.

34. b) Jerárquico.

35. c) Ancho de columna automático.

SUPUESTOS PRÁCTICOS

SUPUESTO N.º 1

El Sr. X efectuó, el 26 de mayo de 2024, una solicitud a la Administración en un asunto de su competencia, presentando para ello la documentación requerida por la normativa general aplicable al caso.

Al transcurrir el plazo legal previsto para resolver dicha solicitud –estipulado en un mes–, sin que por la Administración se resolviera la misma, el Sr. X solicitó el pertinente certificado del silencio administrativo, que le fue expedido por la Administración en el plazo de veinticinco días, haciéndole notar que había recaído silencio administrativo positivo, por lo que debía entender concedido lo solicitado.

Al ir a ejercer el Sr. X su derecho ante la propia Administración, se le indicó que, pese al certificado en su día expedido, el órgano competente para resolver la solicitud había resuelto expresamente este expediente diez días después de aquella expedición, denegando la solicitud por entender que podría contravenir la legislación vigente, de todo lo cual se le iba a dar cuenta a través de la pertinente notificación.

Por ello, debía entender denegada su solicitud, absteniéndose de realizar cualquier conducta en ejercicio de su pretendido derecho.

Cuestiones

1. El plazo legal para expedir el certificado del silencio administrativo por un órgano colegiado se computa:

a) Desde que se produjo el silencio administrativo.
b) A partir de que se convoque al mismo para este menester.
c) Desde el día siguiente a su solicitud por el particular afectado.
d) Las letras a) y c) son correctas.

2. En caso de que el órgano sea colegiado, la expedición del certificado compete al:

a) Miembro más antiguo del mismo.
b) Órgano competente para resolver.
c) Órgano que nombró a los miembros que lo integran.
d) Cualquiera de los anteriores.

3. En los casos de desestimación por silencio administrativo, la resolución expresa posterior al vencimiento del plazo se adoptará por la Administración:

a) Concediendo lo solicitado por el particular.
b) Confirmando la desestimación en todo caso.
c) Sin vinculación alguna al sentido del silencio.
d) Cometiendo una ilegalidad, pues no debe resolver.

4. Si no se expide, dentro de plazo, el certificado:

a) Se incurre en irregularidad.
b) El silencio administrativo, si era negativo, se reconvierte en positivo.
c) El particular deberá denunciar la mora y solicitar un nuevo certificado.
d) Nada de lo expuesto es correcto.

5. El plazo fijado por la ley para esta expedición es de:

a) Dos meses.
b) Veinte días.
c) Quince días.
d) Igual al que tuvo la Administración para concluir el expediente.

6. El órgano administrativo, una vez producido el silencio administrativo, debe resolver la primitiva solicitud del particular:

a) Hasta que expire el plazo para emitir el certificado del silencio administrativo.
b) Hasta el momento en que el particular pida esta expedición.
c) Hasta que el particular haga valer el certificado ante la Administración o ante una instancia jurisdiccional.
d) Siempre.

7. ¿Puede el órgano resolver el expediente tras la expedición de este certificado basándose en la obligación legal de resolver todo expediente?

a) Sí.
b) Nunca.
c) Solo cuando se vaya a acceder a la primitiva solicitud del particular.
d) Exclusivamente, cuanto así se le inste por una instancia judicial.

8. La resolución posterior a la expedición del certificado, en el supuesto que tratamos, comporta, en principio:

a) El cumplimiento de una obligación legal.
b) Su nulidad absoluta.
c) Una mera irregularidad.
d) Una simple infracción administrativa.

9. Al resolver en sentido negativo a lo que previamente había estimado concedido por silencio administrativo positivo, la Administración ha efectuado:

a) Una revocación de un acto no declarativo de derechos.
b) La subsanación de un simple error formal.
c) Una conversión del acto presunto.
d) Una revisión de oficio de un acto declarativo de derechos sin seguir el procedimiento legalmente previsto al efecto.

10. Por ello, ha incurrido, además, en:

a) Un supuesto de nulidad de pleno derecho.
b) Un claro vicio de anulabilidad.
c) Desviación de poder.
d) Nada de lo anterior.

11. En el supuesto de que haya cometido uno de los vicios a que alude la pregunta anterior, los efectos de la anulación del acto por este motivo, cuando se inste y resuelva la misma, se producen:

a) Desde el momento mismo en que se dictó, al tratarse de una nulidad absoluta o de pleno derecho.
b) Desde que se acuerde la anulación del acto viciado.
c) Desde que se notifique el acuerdo a que se refiere el apartado anterior.
d) Desde el momento que se señale en el acuerdo de anulación del acto.

12. Aparte de estos presuntos vicios, la Administración al dictar el acto y fundamentarlo en que la primitiva solicitud del Sr. X «podría contravenir la legislación vigente»:

a) Está incurriendo en un nuevo vicio de nulidad absoluta.
b) Está omitiendo la preceptiva motivación del acto.
c) Actúa en vía de hecho.
d) Nada de lo expuesto es cierto.

13. El acto expreso, por ello, es:

a) Anulable.
b) Nulo de pleno derecho.
c) Solo irregular.
d) Perfectamente justificado.

14. Si el órgano que dictó el acto es de los que agotan la vía administrativa, al Sr. X solo le queda, para hacer valer su derecho:

a) Ejercerlo por sí mismo, ante la nulidad manifiesta del acto.
b) Recurrir al Defensor del Pueblo.

c) Interponer recurso de reposición.

d) Reclamar directa y exclusivamente ante la Jurisdicción Contencioso-Administrativa.

15. El órgano administrativo, si dictó el acto expreso en sentido desfavorable, a sabiendas de que no podía hacerlo, incurre además en:

a) Responsabilidad disciplinaria.
b) Responsabilidad penal.
c) Responsabilidad patrimonial si le causa un daño al Sr. X.
d) Todo lo anterior.

Soluciones

1. d) Las letras a) y c) son correctas.

2. b) Órgano competente para resolver.

3. c) Sin vinculación alguna al sentido del silencio.

4. a) Se incurre en irregularidad.

5. c) Quince días.

6. d) Siempre.

7. a) Sí.

8. a) El cumplimiento de una obligación legal.

9. d) Una revisión de oficio de un acto declarativo de derechos sin seguir el procedimiento legalmente previsto al efecto.

10. a) Un supuesto de nulidad de pleno derecho.

11. a) Desde el momento mismo en que se dictó, al tratarse de una nulidad absoluta o de pleno derecho.

12. b) Está omitiendo la preceptiva motivación del acto.

13. a) Anulable.

14. c) Interponer recurso de reposición.

15. d) Todo lo anterior.

SUPUESTO N.º 2

El Sr. X presentó, el día 3 de abril de 2024, en la Oficina de Correos de su localidad de residencia, un recurso administrativo de alzada contra la resolución de un Delegado Provincial de una Consejería de su Comunidad Autónoma.

Transcurridos cuatro meses desde la presentación de este recurso, sin obtener respuesta al mismo, el Sr. X solicitó del órgano ante el que interpuso el recurso la expedición del pertinente certificado del silencio administrativo, contestándosele que no había recaído resolución por cuanto el recurso se había presentado fuera de plazo, dado que su escrito se recibió en el citado órgano el día 5 de abril y el plazo de interposición finalizó el día 4 de abril.

Cuestiones

1. El recurso de alzada se debe plantear contra los actos que:

a) Agotan la vía administrativa.
b) No agotan esta vía.
c) Dicta la Administración actuando como persona de Derecho Privado.
d) Son firmes.

2. El plazo para presentarlo es de:

a) Dos meses.
b) Cuatro años desde que se notificó el acto recurrido.
c) Un mes, si el acto es expreso.
d) Quince días.

3. La presentación de este recurso puede efectuarse ante:

a) El mismo órgano que dictó el acto.
b) El competente para resolverlo.
c) La jurisdicción contencioso-administrativa.
d) Las respuestas a) y b) son correctas.

4. En el caso de que este recurso se presente ante el mismo órgano que dictó el acto, este debe:

a) Resolverlo.
b) Desestimarlo por indebida interposición.
c) Remitirlo, con su informe y una copia completa y ordenada del expediente, al competente para resolverlo.
d) No admitir esta presentación, remitiendo al interesado al superior jerárquico.

5. La resolución de este recurso compete, como regla general, al/a la:

a) Jurisdicción Contencioso-Administrativa.
b) Superior jerárquico del órgano que dictó el acto recurrido.
c) Propio órgano que dictó el acto.
d) Indistintamente, a los dos últimos.

6. Si el órgano que dictó el acto hubiere sido un Tribunal de Oposiciones, a efectos de este recurso:

a) No cabe interponerlo, al agotar con sus resoluciones la vía administrativa.
b) Debe resolverlo el Presidente del mismo.
c) Puede interponerse este recurso.
d) Nada de lo anterior es cierto.

7. En el caso de que sea cierta la respuesta del apartado c) de la pregunta anterior, el recurso de alzada debe resolverlo:

a) El Presidente del Tribunal, como se expuso.
b) La Autoridad que nombró al Presidente del Tribunal.
c) El propio Tribunal, colegiadamente.
d) Nadie, pues no es cierta dicha respuesta.

8. El recurso de alzada puede basarse:

a) En nulidad absoluta del acto dictado.
b) Solo en motivos tasados señalados por el ordenamiento.
c) En la anulabilidad del acto.
d) Las respuestas a) y c) son ciertas.

9. Si el recurrente alega un vicio afectante de anulabilidad del acto que haya sido motivado por su propia conducta:

a) Debe tenerse en cuenta y anular el acto al resolverlo.
b) Al resolver el recurso se ponderará este pormenor.

c) No puede hacerlo por prescripción legal.

d) Nada de lo expuesto es correcto.

10. El plazo para resolver este recurso es de:

a) Dos meses.

b) Un mes.

c) Un año.

d) Tres meses.

11. Si no se resuelve en dicho plazo, se entiende, como regla general, que:

a) Se ha desestimado el mismo.

b) Recae silencio positivo.

c) Debe esperar el particular a la resolución para acudir a la vía contencioso-adminis-trativa.

d) Se convalida por el superior el acto impugnado.

12. Se prevé que el silencio en la resolución del recurso sea positivo:

a) Cuando la impugnación se dirija contra un acto presunto.

b) En todo caso.

c) En ningún caso.

d) Si la impugnación se basa en un supuesto de nulidad de pleno derecho.

13. ¿Es correcta la afirmación de que no se había contestado por haberse presentado fuera de plazo?

a) No, porque la Administración, al margen de la presentación extemporánea, está obligada a resolver, aunque sea desestimando el recurso por extemporáneo.

b) Sí, sin necesidad de que la Administración resuelva el recurso.

c) Sí, pero debería haber resuelto expresamente.

d) Nada de lo expuesto es cierto.

14. ¿Realmente se presentó fuera de plazo este recurso?

a) Sí, al computarse el plazo desde el momento en que llega el escrito de recurso a la Administración.

b) Sí, al deberse entender que el recurso debería haber llegado a la Administración el mismo día 3 de abril.

c) No, dado que la presentación del escrito en Correos, a los efectos administrativos, vale como si se hubiera presentado en la misma Administración.

d) Sí, porque la presentación en Correos debería haberse efectuado en una Estafeta de Correos del lugar de destino del recurso.

15. En el caso propuesto, y como regla general, tratándose de un recurso contra un acto de un Delegado Provincial de una Consejería, debe resolverse por el:

a) Correspondiente Delegado Provincial que coordine a la Administración Periférica de la Comunidad Autónoma en la Provincia.
b) Director General competente en la materia.
c) Consejo de Gobierno de la Comunidad Autónoma.
d) Consejero correspondiente.

Soluciones

1. b) No agotan esta vía.

2. c) Un mes, si el acto es expreso.

3. d) Las respuestas a) y b) son correctas.

4. c) Remitirlo, con su informe y una copia completa y ordenada del expediente, al competente para resolverlo.

5. b) Superior jerárquico del órgano que dictó el acto recurrido.

6. c) Puede interponerse este recurso.

7. b) La Autoridad que nombró al Presidente del Tribunal.

8. d) Las respuestas a) y c) son ciertas.

9. c) No puede hacerlo por prescripción legal.

10. d) Tres meses.

11. a) Se ha desestimado el mismo.

12. a) Cuando la impugnación se dirija contra un acto presunto.

13. a) No, porque la Administración, al margen de la presentación extemporánea, está obligada a resolver, aunque sea desestimando el recurso por extemporáneo.

14. c) No, dado que la presentación del escrito en Correos, a los efectos administrativos, vale como si se hubiera presentado en la misma Administración.

15. d) Consejero correspondiente.

SUPUESTO N.º 3

El Sr. X dirigió, el 6 de marzo de 2024, una solicitud a la Consejería de su Comunidad Autónoma competente en materia de Urbanismo, presentándola en la sede electrónica del Ayuntamiento de Z dicho día.

Tras transcurrir cuatro meses sin recibir contestación a la misma, el Sr. X solicitó de la Consejería la expedición de una certificación sobre el silencio producido, ante lo que la citada Consejería le remitió un escrito firmado por el Consejero en el que le hacía notar que:

a) No había tenido entrada en dicha Consejería la solicitud referenciada.

b) Aun cuando la hubiera tenido por traslado desde el Ayuntamiento de Z, no sería admisible, por cuanto el plazo para presentar solicitudes como la suya concluyó el mismo día 7 de marzo de 2023, por lo que hubiera llegado fuera de plazo a la Consejería.

c) Por otra parte, al tratarse de una cuestión en la que se ejerce una potestad discrecional, la Administración no está obligada a contestar a la solicitud, quedando solo impelida a acusar recibo de la petición del particular.

d) Contra este escrito de la Consejería, se faculta al Sr. X a interponer recurso de alzada ante el Consejo de Gobierno y posterior recurso contencioso-administrativo en el plazo de dos meses desde la resolución expresa del de alzada o de su resolución presunta.

Se ha de hacer notar que, según la propia legislación autonómica, los Ayuntamientos están obligados a recibir los escritos que se dirijan a los órganos de la Comunidad Autónoma, así como a remitírselos acto seguido.

Cuestiones

1. ¿Es correcta la presentación de la solicitud en el Ayuntamiento de Z?

a) No, al tratarse de una Administración Pública distinta de la Comunidad Autónoma.

b) Sí, puesto que los Ayuntamientos están obligados a recibir este tipo de solicitudes dirigidas a la Administración Autónoma.

c) Solo en el supuesto de que hubiera mediado Convenio entre el Ayuntamiento y la Comunidad Autónoma.

d) Solo en el caso de que se hubiera remitido al Ayuntamiento por correo certificado o a través de la sede electrónica de este.

2. El Ayuntamiento, ante esta solicitud debió:

a) Entrar a conocer del asunto.

b) Cursarla electrónicamente o a través de correo certificado, sin registrarla.

c) Registrarla y enviarla a la Consejería destinataria.

d) No admitirla, derivando al Sr. X al órgano correspondiente de la Administración Autónoma.

3. ¿Tiene razón la Consejería en cuanto a la presentación extemporánea?

a) No, al estimarse que la solicitud tiene entrada en la Consejería el mismo día en que se presentó en el Ayuntamiento.

b) Sí, puesto que, de haberse remitido por el Ayuntamiento y recibido en la Consejería, se hubiera sobrepasado el plazo de presentación de la misma.

c) Sí, porque la solicitud, al concluir el plazo el día 7, debió presentarse antes de que llegara dicho día.

d) Sí, si no se certificó la solicitud.

4. ¿Se ajusta a Derecho lo señalado por la Consejería en el apartado c) del escrito?

a) Sí, al tratarse de una potestad discrecional.

b) Sí, puesto que esto es la obligación de la Administración con todo tipo de solicitudes.

c) No, puesto que hay obligación de tramitar la solicitud.

d) Nada de lo anterior es cierto.

5. La Administración puede abstenerse de resolver:

a) Cualquier solicitud que inste el ejercicio de una potestad reglada.

b) Las solicitudes que se refieran a potestades discrecionales.

c) En los supuestos de terminación del procedimiento por pacto o convenio, así como los procedimientos relativos al ejercicio de derechos sometidos únicamente al deber de declaración responsable o comunicación a la Administración.

d) En los casos de prescripción, renuncia del derecho, caducidad del procedimiento o desistimiento de la solicitud, así como de desaparición sobrevenida del objeto del procedimiento.

6. ¿Obró correctamente el Sr. X. al solicitar el certificado del silencio administrativo?

a) Sí, puesto que no se resolvió su solicitud en plazo.

b) No, puesto que debería haber esperado a la resolución de la solicitud.

c) Para hacer valer sus derechos es indiferente que se recabe o no este certificado.

d) No, porque el certificado debería haberlo pedido al Ayuntamiento.

7. A falta de previsión legal en contrario, el plazo máximo para resolver los procedimientos es de:

a) Seis meses.
b) Un año.
c) Tres meses.
d) Un mes.

8. La regla general en nuestro Derecho respecto a los efectos de la no resolución dentro de plazo es el/la:

a) Caducidad del expediente.
b) Silencio desestimatorio.
c) Silencio estimatorio.
d) Perecimiento del derecho de que se trate.

9. ¿Para qué sirve el certificado del silencio administrativo?

a) Para la validez del acto.
b) Para acreditar la existencia del silencio.
c) Para exigir responsabilidad a la Administración.
d) Para que produzca efectos.

10. El certificado del silencio administrativo debe emitirse en el plazo máximo de:

a) Un mes.
b) Veinte días hábiles.
c) Veinte días naturales.
d) Quince días hábiles.

11. Contra los actos de los Consejeros, como el que nos ocupa, a salvo de previsión legal especial, el recurso procedente en vía administrativa es el:

a) De alzada ante el Consejo de Gobierno.
b) De revisión en cualquier caso.
c) Contencioso-administrativo.
d) De reposición.

12. Si en la notificación del acto se indica como pie de recurso uno que no procede y el particular lo presenta:

a) Se le desestimará.
b) Al ser el error imputable a la Administración, el particular no puede ver perjudicados sus derechos.
c) Deberá entrarse a resolver el recurso propuesto.
d) Nada de lo anterior es correcto.

13. El plazo establecido para la interposición del recurso contencioso-administrativo en caso de resolución presunta del previo recurso de alzada, es de:

a) Un año.
b) Seis meses desde que se produjo el silencio administrativo.
c) Dos meses desde que se debió resolver el recurso de alzada.
d) Ninguno, pues hay que esperar a la resolución expresa.

14. La notificación del Consejero adolece del siguiente defecto formal:

a) No indica correctamente qué recurso es posible contra el acto resolutorio del recurso de alzada.
b) Omite el órgano ante el que debe interponerse el recurso contencioso-administrativo.
c) No indica el lugar al que hay que dirigir el recurso.
d) Todos los anteriores son defectos formales.

15. La notificación defectuosa se subsana automáticamente:

a) Cuando el interesado deja transcurrir seis meses sin protestarla.
b) Al notificarse personalmente al interesado.
c) Cuando el interesado efectúa actuaciones que supongan el conocimiento del contenido de la resolución.
d) En todos los casos anteriores.

Soluciones

1. b) Sí, puesto que los Ayuntamientos están obligados a recibir este tipo de solicitudes dirigidas a la Administración Autónoma.

2. c) Registrarla y enviarla a la Consejería destinataria.

3. a) No, al estimarse que la solicitud tiene entrada en la Consejería el mismo día en que se presentó en el Ayuntamiento.

4. c) No, puesto que hay obligación de tramitar la solicitud.

5. c) En los supuestos de terminación del procedimiento por pacto o convenio, así como los procedimientos relativos al ejercicio de derechos sometidos únicamente al deber de declaración responsable o comunicación a la Administración.

6. a) Sí, puesto que no se resolvió su solicitud en plazo.

7. c) Tres meses.

8. c) Silencio estimatorio.

9. b) Para acreditar la existencia del silencio.

10. d) Quince días hábiles.

11. d) De reposición.

12. b) Al ser el error imputable a la Administración, el particular no puede ver perjudicados sus derechos.

13. b) Seis meses desde que se produjo el silencio administrativo.

14. b) Omite el órgano ante el que debe interponerse el recurso contencioso-administrativo.

15. c) Cuando el interesado efectúa actuaciones que supongan el conocimiento del contenido de la resolución.

SUPUESTO N.º 4

El Ayuntamiento de X, de un Municipio de régimen común, realizó una contratación, a través del procedimiento negociado sin la previa publicación de un anuncio de licitación, para adquirir unas colecciones bibliográficas para los Colegios de Educación Primaria del Municipio, por importe de 60.000 euros, adjudicando el contrato a la Editorial X, en cuyo fondo bibliográfico se encontraban, en exclusiva al ser titular de la propiedad intelectual, los títulos que deseaba adquirir.

La Editorial Y, por su parte, conocedora de esta contratación, impugnó el acuerdo de adjudicación, alegando que:

a) Por razón de la cuantía no es posible esta modalidad de contratación.

b) Debería haberse hecho mediante anuncio de licitación pública y consultar, al menos, a tres Editoriales.

c) La Editorial X no se encontraba al corriente de pagos con la Tesorería General de la Seguridad Social, según acreditaba con certificación al efecto.

d) Como consecuencia de lo anterior, el contrato adolecía de vicios de anulabilidad y de nulidad de pleno derecho.

Cuestiones

1. La competencia originaria para contratar la ostenta en un Ayuntamiento de un Municipio de régimen común el/la:

a) Alcalde o Presidente.
b) Junta de Gobierno Local.
c) Pleno.
d) Cualquiera de los órganos mencionados en las letras anteriores dependiendo de las circunstancias.

2. ¿Es delegable esta competencia?

a) Sí, con autorización del propio Pleno.
b) No.
c) Sí, con carácter general.
d) Solo en órganos colegiados.

3. ¿Qué tipo de contrato es el celebrado con la Editorial X?

a) De suministro.
b) De obras.
c) De servicio público.
d) Innominado.

4. Este contrato se considera de carácter:

a) Administrativo.
b) Privado.
c) Mixto.
d) Especial.

5. Con carácter general, ¿cuál es la cuantía máxima de la contratación sin publicidad en los contratos de este tipo?

a) 15.000 euros.
b) 100.000 euros.
c) 35.000 euros.
d) No existe cuantía legalmente determinada.

6. En el caso propuesto, ¿tiene razón la Editorial Y sobre la inadecuación de esta forma de contratación?

a) Sí, al excederse el límite legal para efectuar una contratación directa.
b) Solo en cuanto a no haberse publicado el anuncio de licitación.
c) Respecto de que se ha incurrido en causa de anulabilidad exclusivamente.
d) No, puesto que, al no ser posible promover la concurrencia en la oferta, actuó correctamente el Ayuntamiento.

7. La celebración de un contrato con quien no esté al corriente de pagos con la Seguridad Social provoca que:

a) Sea nulo de pleno derecho el contrato celebrado.
b) Se incurra en una causa de anulabilidad.
c) Deba exigirse, con posterioridad, al contratista la normalización de su situación deudora.
d) La Administración asuma las deudas del contratista.

8. En este supuesto, el vicio en que se hubiera podido incurrir:

a) Es insubsanable.
b) Puede convalidarse por la Administración.
c) Es irrelevante a los efectos del contrato.
d) Puede subsanarse con posterioridad.

9. Si la adjudicación del contrato se efectuó por el órgano del Ayuntamiento que tiene atribuida originariamente la competencia, la Editorial Y pudo presentar el siguiente recurso en vía administrativa:

a) De revisión.
b) De reposición.
c) De alzada.
d) Especial en materia de contratación.

10. El plazo para interponer dicho recurso es de:

a) Dos meses.
b) Un año.
c) Un mes.
d) Quince días.

11. Si, por el contrario, el contrato se adjudicó por otro órgano del Ayuntamiento actuando por delegación del anterior, el recurso a presentar hubiera sido el:

a) De reposición.
b) De alzada.
c) Contencioso-administrativo.
d) De revisión.

12. A los efectos anteriores, las resoluciones dictadas en ejercicio de una potestad delegada se entienden dictadas por el:

a) Órgano delegado.
b) Órgano delegante.
c) Ambos órganos, emanando un acto complejo.
d) Órgano delegado cuando se separe de las directrices marcadas por el órgano delegante.

13. Como regla general, los contratos administrativos deben formalizarse en:

a) Documento privado.
b) Escritura pública.
c) Documento administrativo.
d) Papel de pagos al Estado.

14. En el caso que nos ocupa, dada la cuantía del contrato y las reglas especiales existentes respecto de los contratos como el que tratamos, la formalización debe efectuarse en:

a) Escritura pública.
b) La factura de compra.

c) Documento administrativo.
d) Documento privado.

15. La falta de formalización de un contrato administrativo por culpa del contratista comporta:

a) La invalidez del mismo.
b) La imposibilidad de resolución del mismo.
c) Su anulabilidad.
d) Nada de lo anterior.

Soluciones

1. d) Cualquiera de los órganos mencionados en las letras anteriores dependiendo de las circunstancias.

2. c) Sí, con carácter general.

3. a) De suministro.

4. a) Administrativo.

5. d) No existe cuantía legalmente determinada.

6. d) No, puesto que, al no ser posible promover la concurrencia en la oferta, actuó correctamente el Ayuntamiento.

7. a) Sea nulo de pleno derecho el contrato celebrado.

8. a) Es insubsanable.

9. b) De reposición.

10. c) Un mes.

11. a) De reposición.

12. b) Órgano delegante.

13. c) Documento administrativo.

14. c) Documento administrativo.

15. a) La invalidez del mismo.

SUPUESTO N.º 5

En la página web el "Consultor de los Ayuntamientos" de la Editorial Wolters Kluwer (El Consultor de los Ayuntamientos, N° 1, Sección Consultas, Enero 2018, Ref. 30/2018, pág. 30, Editorial Wolters Kluwer) se aborda el concepto de "interesado", a propósito de una consulta sobre el "Derecho de acceso de un vecino a los expedientes de obra tramitados en su misma calle".

Se transcribe la consulta:

"Redacción de El Consultor de los Ayuntamientos
El Consultor de los Ayuntamientos, N° 1, Sección Consultas, Enero 2018, Ref.
30/2018, pág. 30, Editorial Wolters Kluwer

...
Normativa aplicada
LO 6/1985 de 1 Jul. (Poder Judicial)
L 39/2015, de 1 Oct. (procedimiento administrativo común de las administraciones públicas)
RDLeg 7/2015 de 30 Oct. (texto refundido de la Ley de Suelo y Rehabilitación Urbana)

Antecedentes
Si un vecino solicita que se le entreguen copias de los hipotéticos expedientes de licencia de obra que se hayan tramitado en su calle, ¿se han de entregar?

Contestación
La regulación del acceso de los administrados a los expedientes administrativos pivota sobre una doble variante según la condición que ostente el solicitante de la información: si se trata de un interesado en el procedimiento de que se trate o si no resulta acreditado interés legítimo. Pero también podemos relacionar esta variante con otra distinta: si el expediente está en tramitación o se encuentra concluido.

La Ley 39/2015, de 1 de octubre (...) en su art. 13.d, reconoce el derecho de todos los ciudadanos «al acceso a la información pública, archivos y registros, de acuerdo con lo previsto en la Ley 19/2013, de 9 de diciembre, de transparencia, acceso a la información pública y buen gobierno (...) y el resto del Ordenamiento Jurídico». El concepto de «ciudadano» abarca a un segmento poblacional mucho más amplio que el del interesado en el procedimiento; pues solo tendrán este carácter quienes acrediten la concurrencia de alguno de los tres supuestos del art. 4.1 LPACAP (...).

Es evidente que todo interesado es ciudadano a los efectos regulados en la legislación básica de procedimiento administrativo; pero no todo ciudadano es interesado. Y el concepto de interesado no se identifica exclusivamente con ser promotor del procedimiento de que se trate o titular del derecho u obligación que constituya su objeto; de modo que también será interesado quien «sin haber iniciado el procedimiento, tengan derechos que puedan resultar afectados por la decisión que en el mismo se adopte» y aquél «cuyos intereses legítimos, individuales o colectivos, puedan resultar afectados por la resolución y se personen en el procedimiento en tanto no haya recaído resolución definitiva».

Identificado quién puede ostentar la condición de interesado en un procedimiento admitido y que puede tener tal condición un tercero que no sea promotor o no sea titular del derecho u obligación que constituya objeto del procedimiento, debe diferenciarse el ámbito objetivo de la información a la que tengan acceso. El artículo 13.d LPACAP (...) respecto a los ciudadanos, hace referencia a la información pública, archivos y registros; lo que implica que ha de tratarse de expedientes administrativos concluidos, es decir, que no se encuentren en tramitación.

Sin embargo, el art. 53.1.a) LPACAP (...) respecto de los interesados en un procedimiento administrativo, establece que tienen derecho a «conocer, en cualquier momento, el estado de la tramitación de los procedimientos en los que tengan la condición de interesados; el sentido del silencio administrativo que corresponda, en caso de que la Administración no dicte ni notifique resolución expresa en plazo; el órgano competente para su instrucción, en su caso, y resolución; y los actos de trámite dictados. Asimismo, también tendrán derecho a acceder y a obtener copia de los documentos contenidos en los citados procedimientos; es decir, tienen derecho al acceso de los expedientes en tramitación».

La remisión que el art. 13.d realiza a la Ley 19/2013, de 9 de diciembre (...) de transparencia, acceso a la información pública y buen gobierno, nos lleva a su art. 12, que dispone que «todas las personas tienen derecho a acceder a la información pública, en los términos previstos en el art. 105.b) de la Constitución Española (...) desarrollados por esta Ley». La expresión «todas las personas» es equivalente en este caso con el concepto de ciudadanos de la Ley de procedimiento administrativo. Y el art. 13 de la misma Ley de Transparencia define la información pública como «los contenidos o documentos, cualquiera que sea su formato o soporte, que obren en poder de alguno de los sujetos incluidos en el ámbito de aplicación de este título y que hayan sido elaborados o adquiridos en el ejercicio de sus funciones».

A partir del régimen jurídico transcrito, podemos mantener que un ciudadano, vecino de una calle, tiene derecho al acceso a la información pública constituida por los expedientes de licencias de obra tramitados y concluidos en su misma calle; sin necesidad de acreditar su condición de interesado a los efectos establecidos en el art. 53.1.a) LPACAP (...), pues no está solicitando información de expedientes en tramitación.

Únicamente serán de aplicación al solicitante los límites de acceso a la información pública en aplicación de los arts. 14 y 15 de la Ley de Transparencia; referidos a los datos personales que obren en los expedientes administrativos y los que resulten de la Ley de Propiedad intelectual respecto de los proyectos de obra. Constituye un referente para determinar los límites en el derecho de acceso a la información pública, el Criterio interpretativo CI/002/2015, de 24 de junio, del Consejo de Transparencia y Buen Gobierno y la Agencia Española de Protección de Datos.

El derecho de acceso a la información pública, o publicidad pasiva, no se identifica con la acción pública en materia de urbanismo, regulada ésta en el art. 62 del Real Decreto Legislativo 7/2015, de 30 de octubre (…) por el que se aprueba el Texto Refundido de la Ley de Suelo y Rehabilitación Urbana (…): «Será pública la acción para exigir ante los órganos administrativos y los Tribunales Contencioso-Administrativos la observancia de la legislación y demás instrumentos de ordenación territorial y urbanística».

La acción pública constituye una herramienta que atribuye legitimación activa para el reconocimiento y defensa de la legalidad; mientras que la publicidad pasiva constituye solamente derecho al acceso a la información pública.

Finalmente, si el Ayuntamiento ha sido parte interviniente en procedimientos jurisdiccionales en los que se haya dictado sentencia, éstas también están sometidas al principio de transparencia; pues son varios preceptos de nuestro ordenamiento jurídico los que amparan la conveniencia de la publicidad de las resoluciones judiciales. Baste citar el art. 266 de la Ley Orgánica 6/1985, de 1 de julio …, del Poder Judicial, que dispone que «las sentencias, una vez extendidas y firmadas por el juez o por todos los Magistrados que las hubieren dictado, serán depositadas en la Oficina judicial y se permitirá a cualquier interesado el acceso al texto de las mismas. El acceso al texto de las sentencias, o a determinados extremos de las mismas, podrá quedar restringido cuando el mismo pudiera afectar al derecho a la intimidad, a los derechos de las personas que requieran un especial deber de tutela o a la garantía del anonimato de las víctimas o perjudicados, cuando proceda, así como, con carácter general, para evitar que las sentencias puedan ser usadas con fines contrarios a las leyes».

Si no concurren las circunstancias limitativas referidas en el precepto anterior, el contenido de las sentencias será pública para quienes acrediten interés en conocer su contenido. La conciliación en todo caso del derecho de acceso a las sentencias judiciales con el derecho la intimidad, a los derechos de las personas que requieran un especial deber de tutela o a la garantía del anonimato de las víctimas o perjudicados, puede materializarse, como realizan las bases de datos de jurisprudencia, ocultando el nombre de las partes en el procedimiento o utilizando sus iniciales. "

Fuente:

https://elconsultor.laley.es/Content/Documento.aspx?params=H4sIAAAAAAAEAMtMSbENCDI AARNzM0NLtbLUouLM_DxbIwNDc0MjlzOQQQGZapUt-ckhlQaptWmJOcSoAlmdUdDUAAAA=WKE

Cuestiones

1. A los efectos de la Ley 39/2015, de 1 de octubre, del Procedimiento Administrativo Común de las Administraciones Públicas (LPACAP), ¿quién debe considerarse interesado en un procedimiento administrativo?

2. La comparecencia en el trámite de información pública:

   a) No confiere, por sí sola, la condición de interesado en un procedimiento administrativo.

   b) Confiere, por sí sola, la condición de interesado en un procedimiento administrativo.

c) No confiere, por sí sola, la condición de interesado en un procedimiento administrativo. Sin embargo, la presentación de una denuncia, por sí sola, si otorga tal condición.

d) No es posible, salvo que la persona física o jurídica haya adquirido, previamente, la condición de interesado en el procedimiento administrativo.

3. Cuando en una solicitud figuren varios interesados, las actuaciones a que den lugar se efectuarán con:

a) El representante.

b) El interesado que expresamente hayan señalado en la solicitud.

c) Con el interesado que figure en primer término, si no se hubiera señalado, expresamente, a uno de los interesados a estos efectos.

d) Todas las respuestas anteriores son correctas.

4. ¿Qué debe hacer el empleado público responsable de un procedimiento administrativo, que no haya tenido publicidad, si durante la instrucción del citado procedimiento, advierte de la existencia de personas que sean titulares de derechos o intereses legítimos y directos cuya identificación resulte del expediente administrativo y que puedan resultar afectados por la resolución que se dicte?.

Soluciones

Cuestión 1

De conformidad con el art. 4 de la LPACAP:

1. Se consideran interesados en el procedimiento administrativo:

a) Quienes lo promuevan como titulares de derechos o intereses legítimos individuales o colectivos.

b) Los que, sin haber iniciado el procedimiento, tengan derechos que puedan resultar afectados por la decisión que en el mismo se adopte.

c) Aquellos cuyos intereses legítimos, individuales o colectivos, puedan resultar afectados por la resolución y se personen en el procedimiento en tanto no haya recaído resolución definitiva.

2. Las asociaciones y organizaciones representativas de intereses económicos y sociales serán titulares de intereses legítimos colectivos en los términos que la Ley reconozca.

3. Cuando la condición de interesado derivase de alguna relación jurídica transmisible, el derecho-habiente sucederá en tal condición cualquiera que sea el estado del procedimiento.

Cuestión 2

Para responder a esta cuestión debemos estar a lo dispuesto en los arts. 62.5 y 83.2 de la LPACAP, que establecen que: la presentación de una denuncia y la comparecencia en el trámite de información pública, respectivamente, no confieren u otorgan, por sí solas, la condición de interesado en el procedimiento.

Por tanto, la respuesta correcta es la a), que indica que: La comparecencia en el trámite de información pública no confiere, por sí sola, la condición de interesado en un procedimiento administrativo.

Cuestion 3

De conformidad con el art. 7 de la LPACAP, cuando en una solicitud, escrito o comunicación figuren varios interesados, las actuaciones a que den lugar se efectuarán con el representante o el interesado que expresamente hayan señalado, y, en su defecto, con el que figure en primer término.

La respuesta correcta es la d), que indica que: Todas las respuestas anteriores son correctas.

Cuestión 4

De conformidad con el art. 8 de la LPACAP, si durante la instrucción de un procedimiento que no haya tenido publicidad, se advierte la existencia de personas que sean titulares de derechos o intereses legítimos y directos cuya identificación resulte del expediente y que puedan resultar afectados por la resolución que se dicte, se comunicará a dichas personas la tramitación del procedimiento.

La respuesta correcta es que se deberá comunicar a dichas personas la tramitación del procedimiento administrativo.

SUPUESTO N.º 6

El Sr. X acaba de constituir una empresa de carpintería metálica, denominada Forjados X e Hijos, S.L., que desarrollará su actividad íntegramente en un único centro de trabajo y cuenta con una plantilla de 12 trabajadores. Para comenzar dicha actividad, sus asesores le advierten, como Administrador de la misma que es, de la necesidad de cumplir con las obligaciones de prevención de riesgos laborales para con sus empleados.

Cuestiones

1. A la posibilidad de que un trabajador sufra un determinado daño derivado del trabajo se denomina:

a) Accidente de trabajo.
b) Enfermedad profesional.
c) Riesgo laboral.
d) Prevención de riesgos laborales.

2. La herramienta a través de la cual se integra la actividad preventiva de la empresa en su sistema general de gestión y se establece su política de prevención de riesgos laborales es:

a) El servicio de prevención.
b) La señalización de seguridad y salud en el trabajo.
c) El Plan de actuación laboral.
d) El Plan de prevención de riesgos laborales.

3. Dentro del plan preventivo de la empresa, el Sr. X deberá comenzar por realizar:

a) Revisiones médicas a los trabajadores.
b) Cursos formativos para los trabajadores.
c) Una evaluación inicial de los riesgos de la empresa.
d) Una planificación sanitaria-laboral.

4. Si del resultado de la evaluación de la actividad y puestos de trabajo de la empresa Forjados X e Hijos, S.L. se pusieran de manifiesto situaciones de riesgo para los trabajadores, el empresario deberá:

a) Suspender total o parcialmente la actividad.
b) Planificar la actividad preventiva.
c) Nombrar un delegado de prevención.
d) Contratar un servicio de prevención externo.

5. Conforme al tamaño y número de trabajadores de la empresa Forjados X e hijos, el plan de prevención de riesgos laborales, la evaluación de riesgos y la planificación de la actividad preventiva podrá hacerse:

a) De forma simplificada.
b) Con posterioridad al inicio de la actividad.
c) De forma generalizada para todas las empresas del mismo sector de actividad.
d) Todas las anteriores son ciertas.

6. Suponiendo que la respuesta correcta a la pregunta anterior fuese la a), la razón estriba en:

a) La actividad que se desarrolla en la empresa, que no puede considerarse de riesgo.
b) El número de centros de trabajo de que dispone la empresa, en este caso uno solo.
c) El número de trabajadores de la empresa.
d) Que se trata de una empresa recién constituida.

7. El Sr. X, para el cumplimiento de las obligaciones preventivas de la empresa, deberá elaborar y conservar, a disposición de la autoridad laboral:

a) Los controles del estado de salud de los trabajadores y conclusiones obtenidas de los mismos.
b) Relación de accidentes de trabajo y enfermedades, sean comunes o profesionales, que hayan causado al trabajador cualquier tipo de incapacidad laboral.
c) Los resultados de las consultas efectuadas a los trabajadores y delegado de prevención de la empresa.
d) Cualquiera de las anteriores.

8. Los trabajadores también están obligados a cumplir ciertas obligaciones, si bien no tendrá la consideración de incumplimiento laboral de los trabajadores en materia de prevención:

a) La falta de aprovechamiento de la formación ofrecida por el empresario.
b) La utilización incorrecta de los medios y equipos de protección facilitados por el empresario.
c) La falta de utilización de los equipos de seguridad existentes.
d) La ausencia de cooperación con el empresario en materia de prevención.

9. En cumplimiento del deber de protección, el empresario Forjados X e Hijos deberá garantizar la seguridad y la salud de los trabajadores, si bien no es necesario que:

a) Contrate un servicio sanitario adecuado a los accidentes históricamente sucedidos en la empresa.

b) Realice la evaluación de riesgos de la empresa.

c) Proceda a integrar la actividad preventiva en la empresa.

d) Establezca las medidas necesarias para la protección de la seguridad y la salud de los trabajadores.

10. Como quiera que una de las trabajadoras de Forjados X e Hijos, S.L. se encuentra embarazada, y de los resultados de la evaluación en materia de prevención, se ha revelado un riesgo para ella, el Sr. X deberá:

a) Finiquitar ese contrato con la indemnización correspondiente.

b) Reducir la jornada de la trabajadora o adaptar sus condiciones de trabajo y hasta la suspensión del contrato.

c) Destinarla a cualquier otro puesto de trabajo, y solicitar de la Seguridad Social la exención de pago por esta trabajadora.

d) Concederle la excedencia voluntaria con reserva del puesto de trabajo.

11. A la petición de un amigo del Sr. X, que tiene un hijo que acaba de cumplir 16 años que no quiere seguir estudiando y además parece relacionarse con "malas compañías", para que lo contrate en la empresa como vigilante nocturno del centro de trabajo, aquel:

a) No podrá contratarlo sin incumplir la normativa de prevención en cuanto a los trabajos nocturnos de menores.

b) No tendrá más remedio que contratarlo, en atención a su amigo, aunque no sea recomendable.

c) No puede contratarlo ni de día ni de noche porque es menor de edad y punto.

d) Aunque podría contratarlo sin inconveniente, puede excusarse en el alto coste de ello, ya que se le exige realizar una evaluación complementaria del riesgo específico.

12. Los representantes de los trabajadores con funciones específicas en materia de prevención de riesgos en el trabajo se denominan:

a) Delegados Sindicales.

b) Enlaces de Prevención.

c) Delegados de Personal.

d) Delegados de Prevención.

13. En la empresa del Sr. X, ¿cuántos Delegados de Prevención se precisan?

a) Dos.

b) Ninguno.

c) Un Delegado de Prevención elegido por el Delegado de Personal.

d) Uno, función que desarrollará el Delegado de Personal.

14. Si en la empresa Forjados X e Hijos sucediese un grave riesgo para la salud de los trabajadores, ¿podrán los trabajadores acordar la paralización de la actividad?

a) Sí, acordada por el Delegado de Prevención.

b) No, pues requerirá la previa resolución de la autoridad laboral.

c) Sí, pero podrá ser anulada por el empresario en el plazo de 24 horas.

d) Sí, por decisión del representante sindical, sin que, en ningún caso, le pueda deparar perjuicio alguno por ello.

15. Si el empresario Sr. X consulta al Delegado de Prevención qué trabajador debería ser el encargado de las medidas de emergencia, este debe emitir un informe en un plazo de:

a) 10 días.

b) 15 días.

c) En esta materia no es preceptiva, y si lo hiciese no existe plazo para ello.

d) No es necesario ni la consulta ni el informe.

16. Si la empresa del Sr. X decidiese sancionar al Delegado de Prevención por la comisión de una falta grave consistente en el retraso deliberado de asistencia a su puesto de trabajo en sucesivas ocasiones:

a) Deberá notificarlo previamente al Delegado de Personal para que emita informe.

b) Tendrá que aperturar un expediente contradictorio previo a la imposición de la sanción.

c) No puede hacerlo en ningún caso.

d) Necesitará de autorización administrativa previa y preceptiva.

17. El Delegado de Prevención, contra dicha propuesta de sanción alegó que los retrasos no son tales, pues dispone , para el ejercicio de sus funciones, de un crédito de horas mensuales retribuidas de:

a) 15 horas.

b) 20 horas.

c) La totalidad de una jornada de trabajo semanal.

d) 10 horas.

18. Para que la empresa Forjados X e Hijos se viera obligada a constituir un Comité de Seguridad y Salud debería contar con un número de trabajadores igual o superior a:

a) 30.

b) 75.

c) 100.
d) 50.

19. Dicho Comité de Seguridad y Salud estaría formado por:

a) Los Delegados de Prevención de la empresa.
b) Los miembros elegidos por los trabajadores.
c) Los Delegados de Prevención y quienes representen al empresario paritariamente.
d) Los Delegados de Prevención, el empresario y un representante de la autoridad laboral.

20. Entre las funciones del Comité de Seguridad y Salud se encuentran:

a) La adopción del acuerdo de paralización de actividades por riesgo inminente.
b) La sustitución de las funciones de los Delegados de Prevención en las empresas de 50 o más trabajadores.
c) La de sustituir al Comité Intercentros en las empresas que dispongan de más de un centro de trabajo.
d) La participación en la elaboración de los planes de prevención de riesgos de la empresa.

Soluciones

1. c) Riesgo laboral.

2. d) El Plan de prevención de riesgos laborales.

3. c) Una evaluación inicial de los riesgos de la empresa.

4. b) Planificar la actividad preventiva.

5. a) De forma simplificada.

6. c) El número de trabajadores de la empresa.

7. a) Los controles del estado de salud de los trabajadores y conclusiones obtenidas de los mismos.

8. a) La falta de aprovechamiento de la formación ofrecida por el empresario.

9. a) Contrate un servicio sanitario adecuado a los accidentes históricamente sucedidos en la empresa.

10. b) Reducir la jornada de la trabajadora o adaptar sus condiciones de trabajo y hasta la suspensión del contrato.

11. a) No podrá contratarlo sin incumplir la normativa de prevención en cuanto a los trabajos nocturnos de menores.

12. d) Delegados de Prevención.

13. d) Uno, función que desarrollará el Delegado de Personal.

14. a) Sí, acordada por el Delegado de Prevención.

15. b) 15 días.

16. b) Tendrá que aperturar un expediente contradictorio previo a la imposición de la sanción.

17. a) 15 horas.

18. d) 50.

19. c) Los Delegados de Prevención y quienes representen al empresario en igual número.

20. d) La participación en la elaboración de los planes de prevención de riesgos de la empresa.

SUPUESTO N.º 7

Presupuesto anual departamentos

En el siguiente ejercicio, partimos de los presupuestos anuales teóricos que tienen los departamentos de una empresa para todo el año. Vamos a trabajar unos documentos sobre el mismo.

Empezamos con un documento de Word para mostrar la carta que se le envía a cada departamento para mostrarle los datos anuales.

Resumen Anual
Asesoría MAD
C/ Juan sin miedo 24
15.008 (Sada) A Coruña

Buenos días
Estimada Sra. Marta Vázquez
Por la presente enviamos la información económica del departamento de I+D que usted dirige actualmente haciendo especial hincapié en los datos relativos a los presupuestos anuales y a los resultados reales de los mismos.

Presupuesto *Programada*:	45.000 €
Presupuesto *Real*:..	36.000 €
Gasto *Real*:	27.000 €
Balance:...	9.000 €

Quedamos a la espera del informe interno para preparar la reunión de accionistas que este año tendrá lugar a principios del año que viene

Sin otro particular:

Carlos Tojeiro Alcala
DIRECTOR GENERAL

A Coruña a 16 de septiembre de 2018

Mostramos el mismo documento con los símbolos ocultos activados.

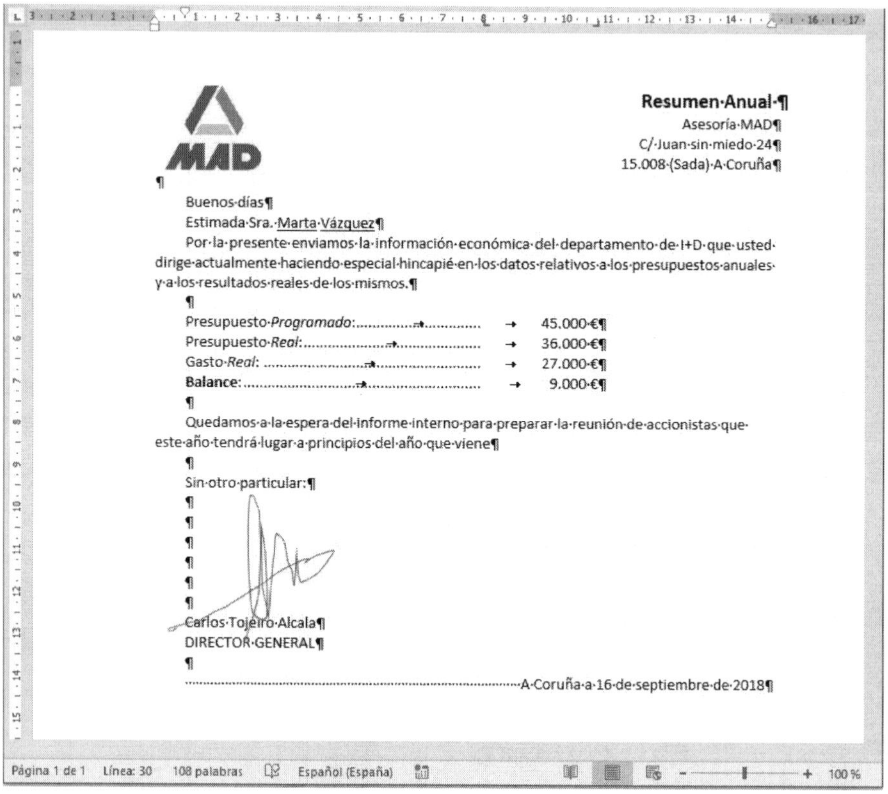

Cuestiones

1. En el documento de Word que nos muestran, sin tener en cuenta las líneas en blanco, ¿cuántos párrafos tiene el documento?

a) 16.

b) 13.

c) 10.

d) 20.

2. En el documento de Word que nos muestran, sin tener en cuenta las líneas en blanco, ¿cuántas tabulaciones aplicadas tiene el documento?

a) 8.

b) 4.

c) 2.

d) 9.

3. En el documento de Word que nos muestran, los puntos que vemos en el documento con símbolos ocultos activos después del texto "Balance:..", ¿qué son?

a) Espacios en blanco.

b) Una tabulación.

c) Varias tabulaciones.

d) Alineación centrada.

4. En el documento de Word que nos muestran, en el documento con símbolos ocultos activos, ¿qué podemos decir de la tabulación de los "9.000 €"?

a) Es tabulación derecha.

b) Tiene relleno de puntos.

c) Es tabulación izquierda.

d) Es tabulación decimal.

5. En el documento de Word que nos muestran, sin tener en cuenta las líneas en blanco, ¿cuántos párrafos están alineados a la derecha?

a) 6.

b) 3.

c) 4.

d) 5.

6. La carta modelo en un proceso de combinar correspondencia de Word:

a) Incluirá el texto que no varía.

b) Tendrá la tabla de datos para combinar.

c) Incluirá exclusivamente los campos de combinación.

d) Incluirá exclusivamente el texto que no varía.

7. En el documento de Word que nos muestran, ¿qué sangría tiene el párrafo de "Por la presente…"?

a) Izquierda.

b) Primera línea.

c) Derecha.

d) Francesa.

8. ¿Qué efecto tienen las palabras "Real"?

a) Sombra.

b) Cursiva.

c) Resaltado.

d) Contorno.

9. ¿Cómo se consigue el subrayado en "Marta Vázquez"?

a) Subrayado solo caracteres.
b) Subrayado normal.
c) Bordes y sombreados.
d) Subrayado normal, pero marcando solo las 2 palabras sin el espacio interior.

10. ¿Cuántos saltos de línea hay en el documento de Word?

a) 25.
b) 26.
c) 27.
d) 28.

11. La línea que vemos en el documento de Word que simula una firma, ¿cómo se ha obtenido?

a) Autoforma.
b) Imagen.
c) Borde.
d) No podemos saber el origen.

12. En un proceso de combinar correspondencia de Word:

a) Podemos insertar campos de una base de datos, pero no filtrarlos.
b) Podemos filtrar datos de una base de datos si es de un origen en formato Word.
c) Podemos insertar campos de una base de datos y filtrar datos de los mismos.
d) Podemos insertar campos de una base de datos si es de un origen en formato Word.

13. ¿Cuántas palabras tiene el documento?

a) 30.
b) 108.
c) 142.
d) 141.

14. En Microsoft Word, ¿qué combinación de teclas guarda un documento?

a) Ctrl + A
b) Ctrl + G
c) Alt + G
d) Alt + A

15. ¿Cuál es la alineación de la imagen de la firma con respecto al texto?

a) Delante del texto.
b) Detrás del texto.
c) Estrecho.
d) En línea.

16. Los sangrados en Word:

a) Definen el límite izquierdo de los párrafos de un documento, pero no el derecho.
b) Definen el límite derecho de los párrafos de un documento, pero no el izquierdo.
c) Definen el límite izquierdo y el límite derecho de los párrafos de un documento.
d) Definen el límite izquierdo de los párrafos de un documento y el estado de la primera línea de cada uno.

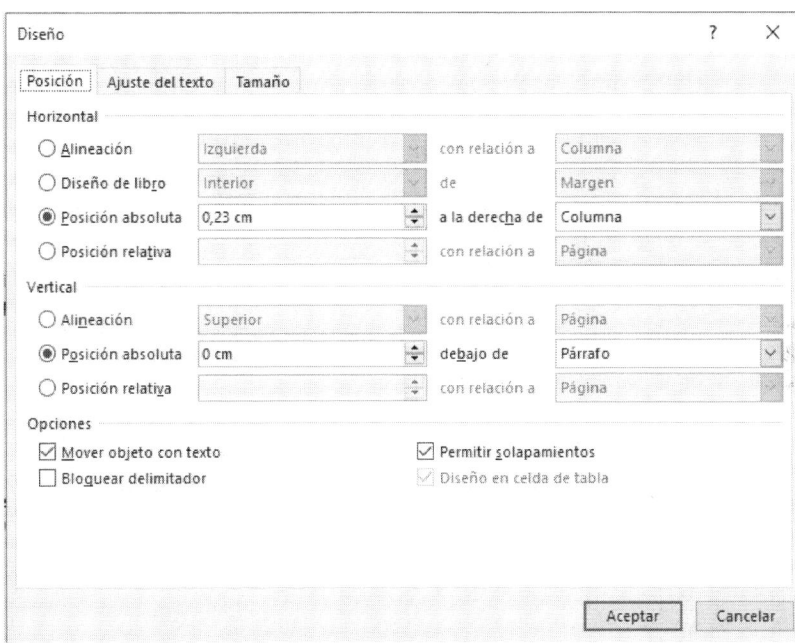

17. La imagen superior muestra las propiedades de tamaño y posición de la imagen del logo del documento, ¿cuál de las siguientes opciones es correcta?

a) 0,23 cm de posición relativa a la derecha del margen.
b) 0,23 cm de posición absoluta a la derecha de la columna.
c) 0 cm de posición absoluta debajo de la página.
d) 0 cm de posición absoluta a la derecha de la página.

18. A la vista del documento, ¿qué podemos decir de la tabulación que tiene el documento en la posición 8 cm?

a) Que es de tipo derecha y con relleno de puntos.
b) Que es de tipo izquierda y sin relleno de puntos.
c) Que es de tipo izquierda y con relleno de puntos.
d) Que es de tipo derecha y sin relleno de puntos.

19. La alineación es un comando de Word que afecta a:

a) La selección de texto.
b) La dirección del texto.
c) El interlineado del texto.
d) Los párrafos.

20. La línea que contiene la fecha en el documento:

a) Está alineada a la derecha.
b) Se ha desplazado con una tabulación derecha.
c) Se ha "movido" pulsando la barra espaciadora.
d) Se ha desplazado con una tabulación centrada.

21. La combinación de teclas que crea un salto de línea manual es:

a) Control + Enter.
b) Mayúsculas + Enter.
c) Alt + Enter.
d) Control + Alt + Enter.

22. ¿Cuál de las siguientes es un ajuste válido del texto con respecto a una tabla en Word 365?

a) Alrededor.
b) Estrecho.
c) En línea con el texto.
d) Cuadrado.

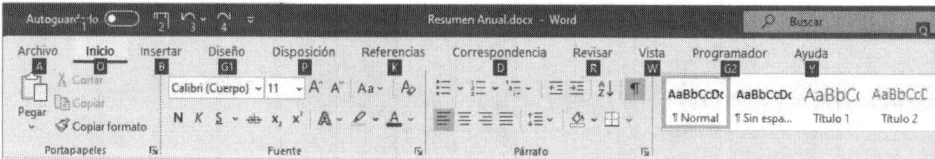

23. Si tenemos el siguiente texto: "CARLOS,TOJEIRO,ALCALA,20,47€,CALLE REAL 25,15002,A CORUÑA" y usamos la utilidad de convertir texto en tabla, con separador de "," ¿cuántas columnas y filas nos ofrecerá por defecto?

a) 8 Columnas y 1 Fila.
b) 1 Columna y 8 Filas.
c) 7 Columnas y 1 Fila.
d) 1 Columna y 7 Filas.

24. El método más rápido para acceder a las opciones de la cinta de opciones de Word es hacer sobre ellas un clic con el ratón, y si queremos acceder a las distintas opciones de los paneles y menús a partir del teclado, podemos pulsar la tecla:

a) F1.
b) SHIFT.
c) CTRL.
d) ALT.

25. Señala la respuesta correcta en relación con la tabulación centrada:

a) El texto se distribuye a izquierda y derecha de ella.
b) Fijada esta, el texto comenzará a partir de ella.
c) Se utiliza principalmente para cifras.
d) El texto se desplaza a la izquierda de su posición.

> 1. Cuando la encomienda de gestión se realice entre órganos administrativos o Entidades de Derecho Público pertenecientes a la misma Administración deberá formalizarse en los términos que establezca su normativa propia y, en su defecto, por acuerdo expreso de los órganos o Entidades de Derecho Público intervinientes. En todo caso, el instrumento de formalización de la encomienda de gestión y su resolución deberá ser publicada, para su eficacia, en el Boletín Oficial del Estado, en el Boletín oficial de la **Comunidad Autónoma** o en el de la Provincia, según la Administración a que pertenezca el órgano encomendarte

26. En el anterior texto queremos realizar cambios de formato, haciendo que más palabras del texto tengan un formato concreto, para lo que se requiere que señalemos el comando que utilizaríamos para copiar y pegar formato del modo más rápido posible:

a) (Ctrl + C), (Ctrl + V) y (Ctrl + X).
b) (Ctrl + Mayús + F) y (Ctrl + Mayús + M).
c) (Ctrl + N), (Ctrl + K) y (Ctrl + S).
d) (Ctrl + Mayús + C) y (Ctrl + Mayús + V).

27. En el anterior texto hemos realizado cambios de formato de fuente:

a) Versalitas, Cambios de tamaño de algunas palabras (Ctrl + Mayús + M) y Negrita (Ctrol + N).
b) Superíndice (Ctrl + =), Cambios de tamaño de algunas palabras (Ctrl + Mayús +F) y Negrita (Ctrl + N).
c) Superíndice (Ctrl + +), Cambios de tamaño de algunas palabras (Ctrl + Mayús + M) y Negrita (Ctrl + N).
d) Negrita (Ctrl + N), Subíndice (Ctrl + =) y Cambios de tamaño de algunas palabras (Ctrl + Mayús + F).

28. En el anterior texto hemos realizado cambios de formato de párrafo:

a) Se le ha aplicado una sangría derecha y se ha aplicado alineación justificada (Ctrl + J).
b) Se le ha aplicado una sangría izquierda y se ha aplicado alineación justificada (Ctrl + Mayus + J).
c) Se le ha aplicado una sangría francesa y se ha aplicado alineación justificada (Ctrl + J).
d) Se le ha aplicado una sangría derecha y se ha aplicado un interlineado doble (Crtl + 2).

29. El botón que vemos en la siguiente opción   **Aa ▾ tiene como función y tecla de acceso rápido:**

a) Aumentar tamaño de fuente.
b) Cambiar mayúsculas y minúsculas.
c) Aumentar o disminuir tamaño de fuente.
d) Disminuir tamaño de fuente.

30. El botón anterior tiene como tecla de acceso rápido:

a) Ctrl + Mayús + M.
b) Ctrl + Mayús + >.
c) Mayús + F3.
d) Ctrl + <.

Soluciones

1. a) 16.

2. a) 8.

3. b) Una tabulación.

4. a) Es tabulación derecha.

5. c) 4.

6. a) Incluirá el texto que no varía.

7. b) Primera línea.

8. b) Cursiva.

9. d) Subrayado normal, pero marcando solo las 2 palabras sin el espacio interior.

10. c) 27.

11. d) No podemos saber el origen.

12. c) Podemos insertar campos de una base de datos y filtrar datos de los mismos.

13. b) 108.

14. b) Ctrl + G

15. a) Delante del texto.

16. c) Definen el límite izquierdo y el límite derecho de los párrafos de un documento.

17. b) 0,23 cm de posición absoluta a la derecha de la columna.

18. c) Que es de tipo izquierda y con relleno de puntos.

19. d) Los párrafos.

20. c) Se ha "movido" pulsando la barra espaciadora.

21. b) Mayúsculas + Enter.

22 a) Alrededor.

23. a) 8 Columnas y 1 Fila.

24. d) ALT.

25. a) El texto se distribuye a izquierda y derecha de ella.

26. d) (Ctrl + Mayús + C) y (Ctrl + Mayús + V).

27. c) Superíndice (Ctrl + +), Cambios de tamaño de algunas palabras (Ctrl + Mayús +M) y Negrita (Ctrl + N).

28. a) Se le ha aplicado una sangría derecha y se ha aplicado alineación justificada (Ctrl + J).

29. b) Cambiar Mayúsculas y minúsculas.

30. c) Mayús + F3.

SUPUESTO N.º 8

Empresa de autobuses

En el siguiente ejercicio llevaremos la gestión diaria de una empresa de transportes.

La empresa de transportes gestiona un documento diario donde hace un resumen de la actividad diaria para la empresa.

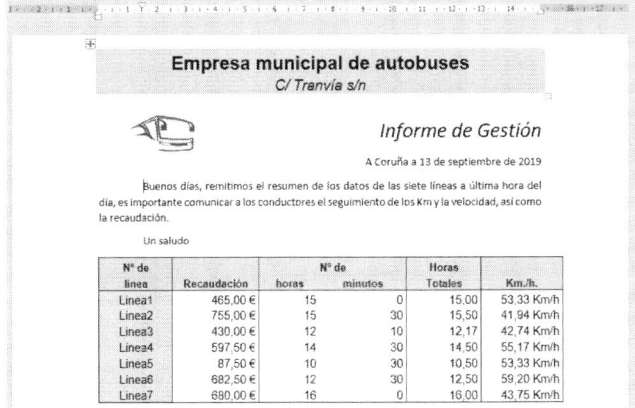

El documento con los símbolos ocultos activados es este:

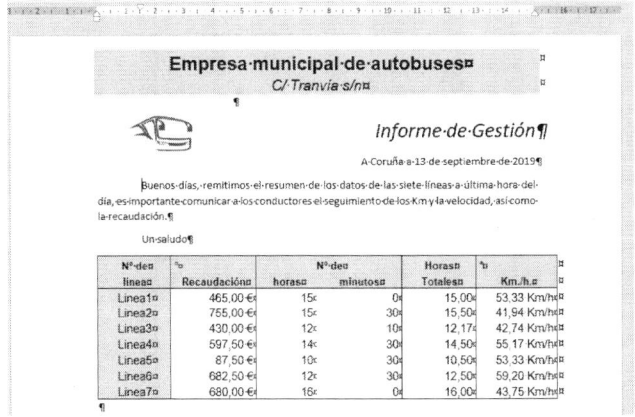

Cuestiones

1. ¿Qué ancho de trabajo tiene el documento que nos muestran?

a) 15 cm.
b) 16 cm.
c) 15 pulgadas.
d) 16 pulgadas.

2. ¿Qué efecto de texto tiene el texto "Informe de Gestión"?

a) Subrayado simple.
b) Tachado.
c) Sombra.
d) Cursiva.

3. La plantilla por defecto en Word es:

a) Básica.
b) Gestión.
c) Estándar.
d) Normal.

4. Si queremos insertar un hipervínculo en el texto "Informe de Gestión", ¿qué combinación de teclas usaremos?

a) Alt + Ctrl + K
b) Crtol + Alt + H
c) Crtol +Mayus +H
d) Alt+ Mayus + K

5. Dentro de las opciones de combinar correspondencia no existe la opción de…

a) Mensajes de correo electrónico.
b) Sobres.
c) Etiquetas.
d) Albaranes.

6. Un estilo de Word es un conjunto de características de formato…

a) Que se puede aplicar solo al texto de un documento.
b) Que se puede aplicar a la imagen de un documento.
c) Que se puede aplicar al texto y a la imagen de un documento.
d) Que se puede aplicar al texto o a la imagen de un documento.

7. Para añadir la tabla al documento de Word, ¿en qué pestaña encontraremos esta opción?

a) Disposición.
b) Insertar.

c) Correspondencia.
d) Vista.

8. ¿Cómo no se consigue que la imagen del autobús este a la izquierda de la página como vemos en la imagen?

a) Ajustando el texto como cuadrado.
b) Ajustando el texto como detrás del texto.
c) Ajustando el texto como delante del texto.
d) Ajustando el texto en línea.

9. ¿Qué combinación de teclas nos servirá para conseguir la alineación del párrafo "Informe de Gestión" del documento que nos muestran?

a) Ctrl + D
b) Ctrl + C
c) Ctrl + J
d) Ctrl + T

10. Asumiendo que en la imagen del documento que nos muestran los tiradores están mostrando la configuración del párrafo "Buenos días…", ¿qué tipo de sangría muestra?

a) Sangría por la izquierda.
b) Sangría francesa.
c) Sangría de primera línea.
d) Sangría por la derecha.

11. ¿Cuántas tablas y filas totales tiene el documento?

a) 1 tabla, 9 filas.
b) 2 tablas, 11 filas.
c) 1 tabla, 8 filas.
d) 2 tablas, 10 filas.

En la empresa los empleados han realizado unos cursos de capacitación y estamos generando un informe personalizado para cada uno, de los cuales mostramos uno de ellos con los símbolos ocultos activados.

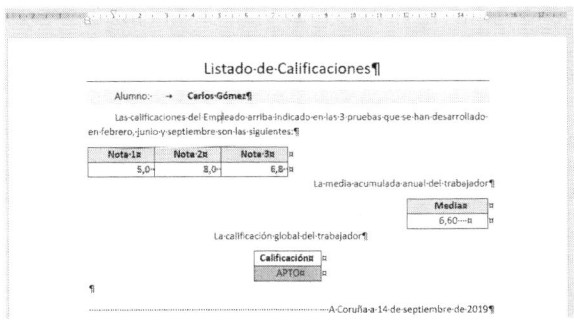

12. En el segundo documento de Word que nos muestran, sin tener en cuenta las tablas ni las líneas en blanco, ¿cuántos párrafos tiene el documento?

a) 6.
b) 3.
c) 1.
d) 5.

13. En el segundo documento de Word que nos muestran, sin tener en cuenta las tablas ni las líneas en blanco, ¿cuántos párrafos están alineados a la derecha?

a) 6.
b) 3.
c) 1.
d) 2.

14. ¿Qué tipo de color tiene el párrafo de "Las calificaciones"?

a) Color de resaltado.
b) Sombreado.
c) Color de párrafo.
d) Ninguno.

15. ¿Qué alineación tiene la tabla de las notas (Nota 1, 2, 3)?

a) Centrada.
b) Izquierda.
c) Derecha.
d) Justificada.

16. ¿Cuántos saltos de línea hay en el segundo documento de Word?

a) 5.
b) 6.
c) 7.
d) 8.

17. La línea negra que vemos en el segundo documento de Word justo debajo del párrafo "Listado."...

a) Es un *Borde*.
b) Es una *Autoforma*.

c) No podemos saber sin marcarlo si es un Borde o una *Autoforma*.
d) No es ni un borde ni una autoforma.

18. ¿Cuál de las siguientes relaciones entre opción y grupo no es correcta?

a) Tachado y Fuente.
b) Interlineado y Párrafo.
c) Espaciado y (Párrafo +Fuente).
d) Hipervínculo (Referencias).

19. En Microsoft Word, ¿qué combinación de teclas abre un documento?

a) Ctrl + B
b) Ctrl + A
c) Alt + B
d) Alt + A

20. La sangría francesa:

a) Controla el límite izquierdo de todas las líneas del párrafo menos la segunda.
b) Controla el límite izquierdo de todas las líneas del párrafo menos la última.
c) Controla el límite izquierdo de todas las líneas del párrafo menos la primera.
d) Controla el límite izquierdo y derecho de todas las líneas del párrafo menos la última.

El Estado de Derecho, al implicar, fundamentalmente, separación de los poderes del Estado, imperio de la ley como expresión de la soberanía popular, sujeción de todos los poderes públicos a la **Constitución** y resto del ordenamiento jurídico y garantía procesal efectiva de los derechos fundamentales y de las *libertades públicas*, requiere la existencia de unos órganos que, institucionalmente caracterizados por su independencia, tengan un emplazamiento constitucional que les permita ejecutar y aplicar imparcialmente las normas que expresan la <u>voluntad popular</u>, someter a todos los **poderes públicos** al cumplimiento de la ley, controlar la legalidad de la actuación administrativa y ofrecer a todas las personas tutela efectiva en el ejercicio de sus derechos e **INTERESES LEGÍTIMOS**.

21. Señala la afirmación correcta en relación con el texto anterior:

a) Justificar (Ctrl + J), cambiar la Fuente de algunas palabras (Ctrl + N) y Cambiar el tamaño de la fuente de otras palabras (Ctrl + Mayús + M).
b) Centrar (Ctrl + T), cambiar la Fuente de algunas palabras (Ctrl + N) y Cambiar el tamaño de la fuente de otras palabras (Ctrl + Mayús + M).

c) Centrar (Ctrl + T), cambiar la Fuente de algunas palabras (Ctrl + Mayús + F) y Cambiar el tamaño de la fuente de otras palabras (Ctrl + Mayús + M).

d) Justificar (Ctrl + J), cambiar la Fuente de algunas palabras (Ctrl + Mayús +M) y Cambiar el tamaño de la fuente de otras palabras (Ctrl + Mayús + F).

22. Para el mismo texto de la pregunta anterior se requiere lo siguiente:

a) Sangría Francesa (Control + G).
b) No tiene sangrías aparentes.
c) Sangría Francesa (Control + H).
d) Sangría Francesa (Control + F).

23. En el anterior texto queremos realizar cambios de formato, haciendo que más palabras tengan los formatos de texto que se han ido poniendo en varias palabras del texto. ¿Cuáles son los comandos que usaremos?

a) (Ctrl + C), (Ctrl + V) y (Ctrl + X).
b) (Ctrl + Mayús + F) y (Ctrl + Mayús + M).
c) (Ctrl + N), (Ctrl + K) y (Ctrl + S).
d) (Ctrl + Alt + C) y (Ctrl + Alt + X).

24. El botón que vemos en la siguiente opción X^2 tiene como tecla de acceso rápido:

a) Ctrl + Mayús + +
b) Ctrl + -
c) Ctrl ++
d) Ctrl + <

25. El botón de subíndice en Word:

a) Alza el texto sobre la línea base.
b) Tiene como combinación de teclas Ctrl ++
c) Desciende el texto sobre la línea base.
d) Cambia el texto de tamaño en 2 unidades.

26. Señala la respuesta correcta en relación con la tabulación decimal:

a) El texto se distribuye a izquierda y derecha de ella.
b) Fijada esta, el texto comenzará a partir de ella.
c) Se utiliza principalmente para cifras.
d) El texto se desplaza a la izquierda de su posición.

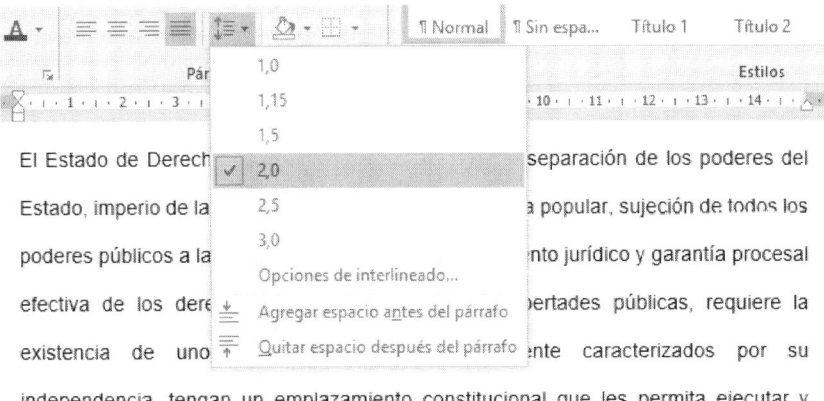

27. A efectos del texto anterior, ¿qué tipo de formato se le ha aplicado?

a) Al texto se le ha aplicado una sangría izquierda de 2,0 y se le ha aplicado una alineación justificada (Ctrl + Mayús + J).

b) Al texto se le ha aplicado un interlineado de espaciado doble (Ctrl + 2) y se le ha aplicado una alineación justificada (Ctrl + J).

c) Al texto se le ha aplicado una sangría francesa de 2,0 y se le ha aplicado una alineación justificada (Ctrl + J).

d) Al texto se le ha aplicado un interlineado de espaciado doble (Ctrl + 4) y se le ha aplicado una alineación centrada (Ctrl + Alt + c).

28. Si tenemos un texto en Word que tiene 285 palabras estructuradas en 5 párrafos y 28 líneas, ¿cómo podemos extraer esta información de un modo rápido en Word?

a) Si pulsamos Ctrl+Mayús+G se nos abre el cuadro de diálogo "Contar Palabras" que nos muestra toda esta información y además el número de páginas, y los caracteres (con y sin espacios). Por defecto no se incluyen cuadros de texto, notas al pie, notas al final.

b) Si pulsamos Ctrl+Mayús+G se nos abre el cuadro de diálogo "Contar Palabras" que nos muestra toda esta información y además el número de páginas, y los caracteres (con y sin espacios). Por defecto incluye además cuadros de texto, notas al pie, notas al final.

c) Si pulsamos Ctrl+Mayús+L se nos abre el cuadro de diálogo "Contar Palabras" que nos muestra la información sobre el número de palabras. El número de párrafos y líneas no es posible obtenerlo de manera automática, tendríamos que contar manualmente.

d) Si pulsamos Ctrl+Mayús+L se nos abre el cuadro de diálogo "Contar Palabras" que nos muestra toda esta información y además el número de páginas, y los caracteres (con y sin espacios). Por defecto incluye además cuadros de texto, notas al pie, notas al final.

29. Al arrastrar las marcas de sangría con la tecla ALT pulsada:

a) Se verán las medidas delimitadas.

b) Se verá solo la medida de la sangría izquierda.

c) Se verá solo la medida de la sangría francesa.
d) No se ve ninguna medida.

30. Para abrir el panel de Aplicar estilos pulsamos:

a) Ctrl + Mayús + E.
b) Ctrl + Mayús + P.
c) Ctrl + Mayús + W.
d) Ctrl + Mayús + D.

Soluciones

1. a) 15 cm.

2. d) Cursiva.

3. d) Normal.

4. a) Alt + Ctrl + K.

5. d) Albaranes.

6. a) Que se puede aplicar solo al texto de un documento.

7. b) Insertar.

8. a) Ajustando el texto como cuadrado.

9. a) Ctrl + D.

10. c) Sangría de primera línea.

11. b) 2 tablas, 11 filas.

12. a) 6.

13. c) 1.

14. d) Ninguno.

15. b) Izquierda.

16. b) 6.

17. c) No podemos saber sin marcarlo si es un Borde o una Autoforma.

18. d) Hipervínculo (Referencias).
19. b) Ctrl + A.

20. c) Controla el límite izquierdo de todas las líneas del párrafo menos la primera.

21. c) Centrar (Ctrl + T), cambiar la Fuente de algunas palabras (Ctrl + Mayús +F) y Cambiar el tamaño de la fuente de otras palabras (Ctrl + Mayús +M).

22. b) No tiene sangrías aparentes.

23. c) (Ctrl + N), (Ctrl + K) y (Ctrl + S).

24. c) Ctrl ++.

25. c) Desciende el texto sobre la línea base.

26. c) Se utiliza principalmente para cifras.

27. b) Al texto se le ha aplicado un interlineado de espaciado doble (Ctrl + 2) y se le ha aplicado una alineación justificada (Ctrl + J).

28. b) Si pulsamos Ctrl+Mayús+G se nos abre el cuadro de diálogo "Contar Palabras" que nos muestra toda esta información y además el número de páginas, y los caracteres (con y sin espacios). Por defecto incluye además cuadros de texto, notas al pie, notas al final.

29. a) Se verán las medidas delimitadas.

30. c) Ctrl + Mayús + W.

Cómo acceder al Curso

Auxiliar de Administración General
Test del temario

El uso de los códigos **es exclusivo de los compradores de los productos de Editorial MAD**. Cada producto posee un código único y de un solo uso. Es personal e intransferible y da acceso a servicios y contenidos adicionales. Editorial MAD se reserva el derecho de hacer cuantas comprobaciones sean necesarias para identificar al legítimo poseedor del código y dejar de dar servicio a quien haga uso fraudulento del mismo, además de emprender cuantas acciones legales estime oportunas según la legislación vigente.

Deberás acceder a:

mad.es/registro-campus

Si una vez aceptadas las condiciones de uso del Campus decides hacer uso del mismo, necesitarás del siguiente código de acceso junto con los códigos del resto de títulos que se exigen (si fuera el caso):

NQVSFKIUH5